BAMBALINAS DE HOTEL

Cómo liderar con éxito la recepción de un Hotel

Rosa Martínez Magán

Bambalinas de Hotel

ÍNDICE

PRÓLOGO

En los últimos tiempos, estoy viendo cómo se infravalora el trabajo de la Recepción en los Hoteles, llegando a querer sustituir a los Recepcionistas y a los conserjes por ordenadores, robots u hologramas.

¿Cómo es posible que, cuando los demás sectores están descubriendo la importancia de la humanización y haciendo todo lo posible para integrarla en su día a día, en el nuestro, en el ámbito Hotelero, el que debería llevarlo como seña de identidad, estemos yendo en sentido contrario?

Con tanta revolución digital, se están olvidando de que la Recepción es el corazón del Hotel. Es el departamento central desde el que no solamente se desarrollan las relaciones humanas con los Clientes, sino también con los compañeros (ya sean integrantes del mismo departamento o de otros) y con todo el entorno.

Quizás tengamos la culpa nosotros, los encargados del departamento, por no saber demostrar que tenemos un papel insustituible en el Hotel. Quizás algunos compañeros se hayan vuelto tan tecnológicos que han relegado a un segundo o tercer plano todo lo relacionado con la empatía y la comunicación de persona a persona.

Estoy convencida de que aplicando un liderazgo basado en relaciones interpersonales e inteligencia emocional (eso sí, apoyándonos en la tecnología para las tareas automáticas), conseguiremos restablecer la importancia de la Recepción y demostrar que nuestra profesión no se encuentra en vía de extinción. Este tipo de liderazgo es el que desarrollo en el presente libro.

Llevo más de 30 años trabajando en Hoteles y me sigue fascinando el mundo Hotelero como el primer día. Ojalá consiga contagiar mi pasión en estas páginas.

Empecé trabajando como ayudante de Recepción mientras estudiaba la carrera de Turismo, y poco después ascendí a Recepcionista. Unos años más tarde me promovieron a Jefe de Recepción, para finalmente llegar a ser Director de Hotel. He trabajado en Hoteles de 2 estrellas, en Hoteles de 4, en Hoteles rurales, en Hoteles de playa. Y echando la vista atrás, puedo asegurar que, independientemente de mi puesto, del tipo de Hotel y de su ubicación, de si he sido empleada o propietaria, mi liderazgo ha sido básicamente el mismo.

Este libro va dirigido a ti, que te sientes atraído por esta profesión, y abogas por ella. Te lo dedico a ti, enamorado de las relaciones humanas, ya seas estudiante de Turismo o profesional del sector Hotelero.

A ti, que deseas ser Director de Alojamiento o Jefe de Recepción.

A ti, porque quieres reinventarte.

A ti, Recepcionista, que en ausencia de Directores y de Jefes, cada día tienes que tomar decisiones que afectan tanto a los Clientes como al resto de los empleados.

A ti, porque tú también puedes ser un gran líder, aunque pienses lo contrario. Porque yo, siguiendo este método, siendo una mujer algo tímida y poco carismática (o así me consideraba yo), lo he conseguido cuando apenas tenía poco más de 20 años, en una época en la que todavía no se contemplaba la igualdad de géneros.

Reconozco que he dudado en cuanto al formato de este libro sobre liderazgo.

Estuve pensando en escribir un manual muy práctico, con consejos claros y concisos, pero me parecía demasiado serio, frío e impersonal. Entonces me inspiré en mi blog www.bambalinasdeHotel.com, en el que, desde hace unos años, relato mis aventuras en los Hoteles. Así, fui añadiendo anécdotas y vivencias al manual. Y ya me pareció mucho más entretenido.

Pero, para que los más pragmáticos encuentren enseguida una información precisa y sintetizada, he decidido que la parte anecdótica de cada tema esté en cursiva.

Es decir, mezclando mis experiencias personales y profesionales en la Recepción del Hotel con unos conceptos algo más teóricos, te explico **cómo conseguir sin esfuerzo unos Clientes fieles y unos empleados felices.**

Además, como en una Recepción no puede faltar la propina (o *tips*), te regalo al final del libro **unas sencillas herramientas para que puedas ejercer tu liderazgo desde el corazón del Hotel.**

Quizás te llame la atención algunas mayúsculas dónde no deberían estar. Es mi manera de dotar al Hotel (y a los departamentos) de identidad, mi forma personal de humanizarlo.

Y sí, con este libro pretendo reivindicar una cultura de servicios donde predominan la amabilidad y el cariño, una cultura basada en una sonrisa sincera y, sobre todo, humana.

Porque no solo trabajamos desde el corazón del Hotel, sino que trabajamos con el nuestro.

CAPÍTULO 1. LA HOSPITALIDAD DESDE EL CORAZÓN

INTRODUCCIÓN

¿Has observado a estos Recepcionistas estirados y mal encarados que suelen aparecer en las películas? No soporto ver cómo miran con soberbia a los Clientes o incluso cómo se dejan sobornar. ¿Verdad que parece un insulto a nuestra profesión?

Lo peor es que la mayoría de la gente tiene esta imagen de la Recepción. Están convencidos de que nuestro trabajo no va mucho más allá de darle la llave a un Cliente, indicarle el camino para llegar a la farmacia más cercana o cobrarle una factura, siempre desde un pedestal, como si nos creyéramos dioses.

Cierto es que atendemos con disposición absoluta al Huésped. Pero también tenemos un trabajo adicional, como registrar a los Clientes en la base de datos del Hotel, enviar la información del viajero a la Policía (o a la Guardia Civil), controlar quién entra y quién sale del establecimiento, cumplir con todas las tareas administrativas e informáticas, facturar las consumiciones y servicios del Huésped, anotar las incidencias que ocurren en el Hotel, resolver los conflictos que van surgiendo o tramitar las quejas y reclamaciones de los Clientes...

Los tiempos cambian inexorablemente y ahora vemos que corremos el riesgo de ser sustituidos por robots. Si no queremos que ocurra, no podemos comportarnos como tal ante el Cliente. Debemos aprovechar las nuevas tecnologías para ayudarnos en los trabajos «sin alma» y así, poder dedicarle más tiempo al vínculo personal.

Tu labor principal como líder es hacer que tu equipo nunca olvide que lo que ha comprado el Cliente es un servicio, un valor, un sueño. Debes conseguir que los Recepcionistas tomen consciencia de la importancia de las relaciones humanas en todas sus tareas.

En este capítulo voy a describir paso a paso la comunicación con nuestro Cliente desde antes de que llegue al Hotel hasta después de su salida. Voy a mostrarte el camino para lograr que la estancia de tu Huésped se convierta en una experiencia positiva e inolvidable para él.

1. HUÉSPED VERSUS CLIENTE

a. El Huésped

En repetidas ocasiones he escuchado y leído comentarios desafortunados de Recepcionistas quejándose de algunas preguntas que les formulan sus Clientes. Les molesta que les pregunten sobre la previsión del tiempo, el resultado de un partido de fútbol o el horario de la misa. Otros no aguantan que el Cliente esté contándoles cómo es la vida en su ciudad o lo que se ha divertido en una excursión.

Muchos piensan que esto no entra dentro de sus funciones.

¿Todavía no tienen asumido que ser Recepcionista también es informar y escuchar? Es ser comunicador, es ser psicólogo, es ser historiador, es ser economista, es ser diplomático.

¿No se dan cuenta de que es una suerte que estas personas hayan elegido dirigirse a ellos en lugar de buscar la información por internet o consultando una guía?

Estos Clientes lo hacen porque consideran que el Recepcionista es su anfitrión y porque necesitan contacto humano. De no cultivar esta necesidad, entonces sí llegará el momento en que las empresas Hoteleras nos sustituyan a todos por robots.

¿Es necesario recordar que la misión principal de la Recepción es recibir a unas personas que, además de Clientes, son nuestros Huéspedes?

Nadie ha dicho que sea sencillo tratar día tras día con el público y toda su idiosincrasia. Muchos son los factores que intervienen a la hora de conseguir dar un servicio excelente. Y es que no solo depende de los hechos acaecidos, de nosotros mismos o de la personalidad del Cliente, sino también de todas sus circunstancias personales —y de las nuestras— en ese preciso momento.

Muchas empresas son conscientes de la complejidad de saber tratar adecuadamente a las personas y ofrecen la posibilidad de seguir cursos intensivos de Programación Neurolingüística. Ayuda a entender la conducta propia y la del otro y, sin lugar a duda, contribuye a mejorar las relaciones interpersonales.

Yo tuve la suerte de poder asistir a unos cursos de PNL hace años y comprendí mejor mis reacciones y la de los Clientes. Más recientemente, he descubierto el eneagrama de la personalidad y sus nueve eneatipos, y ojalá lo hubiera conocido antes.

Cuando todavía no disponía de estas herramientas, busqué una manera personal y muy sencilla para atender y entender mejor a mis Huéspedes y… ¡me funcionó! Seguro que te puede ayudar también a ti: considera al Cliente como si fuera un amigo de la infancia que llevas muchos años sin ver y que estás recibiendo en tu casa. Piensa en él como en alguien al que apreciaste hace tiempo ya, y sé consciente que con el tiempo, ha cambiado (igual que tú).

De esta forma, vas a atender a tu Huésped con cariño, pero también con respeto, con tacto y con la mejor predisposición posible.

Cuidado: no debes tratarle como un amigo de hoy en día porque podrías caer en el error de relacionarte con él con demasiada confianza, incluso con atrevimiento.

La primera vez fue algo casi natural.

Acababa de ascender a Jefe de Recepción y ponía un pundonor en ejercer lo mejor posible mi cargo en este Hotel de 4 estrellas. Lo hacía principalmente para no defraudar a mis superiores, a todos los que habían depositado su confianza en mí, siendo tan joven (23 años) y además mujer (en 1986 casi todos los puestos de responsabilidad eran desempeñados por hombres).

Aquel día me avisaron los Recepcionistas: tenían en la Recepción a una clienta muy enfadada, que quería hablar con el Jefe.

Sí, ya tenía el título de Turismo y algunos años de experiencia en el mostrador, pero a pesar de mi don de gentes, el tener que «enfrentarme» con un Cliente molesto no me resultaba nada agradable. Y cuando me dijeron la nacionalidad (alemana), reconozco que sentí más rechazo… Supongo que al haberme criado en Francia, 20 años después de la segunda guerra mundial y escuchar constantemente frases despectivas hacia los germanos, los comentarios habían hecho mella en mí. Menos mal que fui consciente de esta aversión casi visceral, y mi profesionalidad me impidió salir al mostrador con tan mala predisposición.

Entonces recordé a mi amiga Marcela. Era alemana. La había conocido en un camping de Creixell cuando éramos niñas. A pesar de que ninguna de las dos entendía el idioma de la otra, pasamos el verano juntas e inseparables. Nos comunicábamos como podíamos, con total libertad de espíritu.

Y me imaginé que la clienta alemana enojada era mi Marcela y que el Hotel era mi casa. Pude salir a Recepción con otros ánimos, pues ya no tenía que disimular y recibir al «enemigo» con buena cara. Ahora estaba dispuesta a atender de forma amable a una

Marcela que, seguramente, había cambiado durante estos años. Una Marcela que estaba muy cabreada con algo o con alguien.

Sí, pude salir con una sonrisa sincera, con ganas de que Marcela se sintiera a gusto en mi casa, lista para solucionar con ella todos los problemas del mundo, como cuando éramos niñas. Y gracias a esta actitud, entre las dos, lo conseguimos. Es más, esa clienta se convirtió en repetidora.

A partir de ese día, cada vez que tengo la sensación de que voy a lidiar con un Cliente, vuelvo a recordar a Marcela, y salgo al mostrador o le acojo en mi despacho con una predisposición mucho más positiva.

Y a lo largo de los años, he podido comprobar que es mucho más fácil obviar (incluso a veces perdonar) unos malos modos, una mala contestación, una mala cara, de un amigo de infancia que llevas años sin ver, que la misma conducta por parte de un completo desconocido. Es más: ¡hasta consigues olvidar tus prejuicios! Porque lo único que importa es poner todo en obra para reanudar aquella relación (que realmente nunca existió).

b. El Cliente

Acabamos de ver la importancia de atender bien a nuestro Huésped. Pero el Huésped también es Cliente.

Este apartado es para recordar que el Hotel es un negocio, y que nuestra misión principal es vender todo lo que podamos, teniendo en cuenta las características intrínsecas de nuestro producto. Nuestro producto resulta ser un servicio: lo que vendemos es poner a disposición del Cliente unos bienes físicos (las instalaciones del Hotel) durante un tiempo limitado.

Y el servicio tiene unas características que no deben ser ignoradas:

- INTANGIBILIDAD: Cuando el Cliente se aloja en tu Hotel, no ha podido previamente tocar, ver o probar el producto que acaba de adquirir para saber si es realmente lo que estaba buscando como lo podría hacer, por ejemplo, con una prenda de ropa. Además, cuando haya consumido tu servicio de hospedaje, lo único que le quedará será el recuerdo de la experiencia.

- SIMULTANEIDAD: Cuando le entregas el producto-servicio a tu Cliente (o sea, cuando ya puede disfrutar de una noche de Hotel), debe consumirlo simultáneamente. No es una botella de vino que compró en un supermercado y que podrá ir consumiendo cuándo, dónde y al ritmo que quiera.

- VARIABILIDAD: No puedes separar el servicio Hotelero con el trato humano (por lo menos, de momento). Por esta razón, su calidad va a depender de quién, dónde y cuándo sea ofrecido. No es como si fuera una botella de Coca-Cola que tiene siempre el mismo sabor, la consuma en su casa o en el Bar, la compre en Málaga o en Tenerife. Incluso si pretendes homogeneizar los servicios para preservar los mismos estándares de calidad con independencia de quien atienda al Cliente, nunca se logra repetir exactamente la misma oferta.

- PERECEDERO: Al no tratarse de un bien físico, sino de un servicio de alojamiento, tu producto no puede ser almacenado para una venta futura cuando no ha sido vendido hoy. No es una botella de cerveza que si no la vendes hoy, la guardas y sabes que podrás venderla mañana, o pasado, o el año que viene. Si no se vende ya, tu producto caduca irremediablemente a las 24 horas, sin opción de almacenamiento ni de reciclaje, sin poder recuperar la venta perdida.

Por todas estas razones, quiero que no pierdas de vista que somos vendedores, y también que recuerdes que la misión de todo buen vendedor es saber que lo que vende se ajusta a lo que el Cliente necesita, para conseguir así que este no se sienta engañado.

Todavía tengo presentes unas vacaciones en Ibiza, hace más de 30 años, cuando comprobé cómo «maltrataban» a los turistas.

Fui a visitar a una amiga y me alojé en el establecimiento donde ella trabajaba. Estaba esperándola en el lobby y un Cliente se estaba quejando en Recepción. Se enfrentaba a la total indiferencia del empleado, pero insistía. De pronto, con muy malos modos, el Recepcionista le dijo que ese no era su problema y le dejó plantado con la palabra en la boca. El Huésped se fue enfadado, gritando que no volvería nunca más al Hotel. Independientemente de quien tuviera la razón, me chocó mucho el trato tan distinto al que nosotros ofrecíamos en nuestro Hotel de Tenerife. Se lo comenté a mi amiga, y añadí que me parecía que así no conseguirían nunca que los Clientes volvieran y me contestó: «Da igual, si no vienen estos, vendrán otros».

Pero peor fue cuando me percaté de que esta forma de relacionarse con el Cliente no había sido puntual, sino que era usual en la isla. Ya fuera en el Hotel, en los Restaurantes o en los chiringuitos de la playa, lo único que parecía importarles a todos era vender, vender y vender. O mejor dicho: «cobrar, cobrar y cobrar».

Recordé mis clases de Economía. Se trataba de la ley de la oferta y la demanda. Ibiza tenía una demanda muy superior a la oferta, e independientemente de cómo se tratara al Cliente, al año siguiente, el Hotel, el Restaurante, la playa, la isla, volverían a estar completos. No tenían que ofrecer buen servicio, ni inquietarse por la «no venta», la isla se vendía sola. Solo se preocupaban de poner a disposición del Cliente unas espléndidas instalaciones (desde la habitación de Hotel a las calas y playas paradisiacas) y de abrir la caja registradora.

Quizás solo fue una percepción mía, quizás mis expectativas eran demasiado altas, quizás esperaba aprender mucho de una isla que identificaba como un ejemplo turístico a seguir, quizás tuve la mala fortuna de coincidir en sitios donde reinaba la falta de profesionalidad… Pero lo que sentí fue que solo les interesaba exprimir el monedero del turista y que no intentaban ofrecer un servicio de calidad.

Y nunca volví…

c. El Huésped-Cliente

Acabo de definir los dos conceptos por separado, pero ahora quiero insistir en que son indisociables.

Me explico: imagina que tú sabes que a tu próximo Huésped le encanta el vino Vega Sicilia. Si vas a cobrar 200 € por su estancia, no le vas a poner una botella de su vino favorito como atención de bienvenida, pues si lo hicieras, estarías tratando a tu Huésped solo como tal, y estarías olvidando que tu Hotel es un negocio, y no obtendrías ningún beneficio.

Por lo contrario, si a tu Cliente le tratas únicamente como a alguien al que hay que sacar el máximo de dinero posible, estarás olvidando la parte humana de tu profesión. Lo más seguro es que él lo note y no vuelva nunca más.

Está demostrado que captar a un nuevo Cliente cuesta diez veces más que mantener su fidelidad. No olvides que la oferta y la demanda fluctúan, así que hay que apostar siempre por una excelente calidad de servicio, para luchar mejor contra los competidores y para que tu Huésped esté deseando volver.

Porque tu Hotel puede estar en un sitio idílico, tener buena comida, un edificio vanguardista, unos hermosos jardines, una tecnología punta, pero en general, eso no es suficiente para traer de vuelta a tus Huéspedes. El plus es el factor humano.

Para conseguir vender bien y fidelizar al Cliente, es bueno iniciar una relación directa con él, ayudarle, recomendarle, entenderle.

Iré desarrollando esta idea durante este capítulo dedicado a la hospitalidad, pero aquí te adelanto el ejemplo de dos técnicas de venta: el up-selling y el cross-selling aplicados al concepto «Huésped-Cliente»:

- ¿El Cliente sueña con una habitación con vistas al mar pero ha reservado una habitación tipo estándar? Infórmale sobre el suplemento a pagar para tener la habitación de sus sueños pero también de todas las ventajas que conseguirá. De esta manera estarás utilizando la técnica de venta up-selling.

- ¿No sabe qué regalarle a su mujer por su cumpleaños? Propón que le regale una cena romántica a la luz de las velas, en la terraza del Restaurante del Hotel. Estarás utilizando la técnica de venta cruzada, también llamada cross-selling.

Hace unos días, leí cómo un Jefe de Recepción había gestionado una situación algo delicada en su Hotel.

Justo cuando su extensa jornada laboral había finalizado y se disponía a marcharse, los empleados solicitaron su presencia. Un Cliente ebrio deambulaba por el lobby, enfundado en un albornoz que no era de su talla, mostrando así todas sus intimidades y asustando a los demás Clientes. El personal de Recepción ya no sabía cómo actuar, nadie conseguía hacerle entrar en razón para que volviera a su habitación. Así que el Jefe tuvo que intervenir, olvidando horarios y cansancio. Porque en estos casos, no vale decir «lo dejo para mañana».

Llevó al Cliente embarazoso a una zona apartada de la Recepción, y le escuchó con mucha paciencia durante un buen rato. A duras penas, consiguió entender que tenía problemas conyugales y que su mujer le había echado del cuarto. Averiguó su número de habitación a pesar de que él no se acordara (localizó su número de habitación gracias a su nombre). Y llamó a su habitación para actuar de mediador. La mujer no estaba dispuesta a recibir de nuevo a su marido en ese estado y no quería saber nada de él. El responsable del Hotel (lo era en ese momento, ya que el Director estaba ausente) le ofreció la única solución que se le ocurrió: que el marido durmiera en otra habitación. Y añadió que no se preocupara, porque como tenían los datos de su tarjeta de crédito en Recepción, le pasarían directamente el cargo con el suplemento. De repente, a la mujer ya no le molestó que su marido estuviera tan borracho y prefirió que durmiera en su misma habitación. Problema solucionado.

Es un ejemplo de cómo este Jefe de Recepción los trató como Huéspedes pero sin perder de vista que también eran Clientes. Les ofreció una buena alternativa, pero con un coste adicional.

2. ANTES DE LA LLEGADA

a. Las tarifas y el Revenue Management

La concreción de tarifas no es una tarea propia del departamento de Recepción, pues la Dirección, junto con el departamento de Administración y el departamento Comercial suelen ser los que las determinan. Así y todo, es importante que la Recepción conozca perfectamente la política de la empresa en cuanto a precios.

Se dividen en cuatro grupos: tarifas de rack, tarifas de grupo, tarifas de paquete y tarifas especiales o de promoción.

- **Las tarifas de rack** son las que se utilizan para los Clientes que reservan directamente sin pasar por ningún intermediario. Están basadas en la categoría de la habitación y el tipo de camas y la fecha de la estancia.

- **Las tarifas de grupo** son las que se aplican a partir de un número determinado de habitaciones reservadas.

- **Las tarifas de paquete** son las que se aplican a los tour operadores (T. O.) y están especificadas en los contratos firmados por ambas partes, donde se detallan las condiciones para la aplicación de dichas tarifas. (cupo, release, pago...).

- **Las tarifas de promoción** son las que incluyen descuentos para estancias con condiciones particulares (descuento por luna de miel, por corporativismo, por 3ª edad...). **Las tarifas especiales** son las que se aplican en casos particulares. Ahí se incluyen las cada vez más utilizadas **tarifas diurnas** y que pronto tendrán su propio grupo. Son tarifas para el uso del Hotel por unas horas (de 12:00 a 18:00, de 11:00 a 20:00, por ejemplo). Al Cliente le permite: descansar en una habitación cómoda durante unas horas, trabajar tranquilamente en un espacio fácilmente accesible en transporte público, con buena conexión wifi y con sala de reuniones, o simplemente relajarse y disfrutar de una habitación y de las comodidades del Hotel (piscina, spa, gimnasio, terraza, balcón...) durante el día. El Hotel incrementa así sus ingresos, consigue un Cliente potencial para una estancia más larga, y tiene posibilidad de vender dos veces en el mismo día la misma habitación (siempre y cuando tenga una camarera de Pisos de guardia).

También abarcan las tarifas para reservas de «última hora» conocidas igualmente por t**arifas last minute, las de reservas anticipadas, las 3X2**... En definitiva, este grupo incluye **todas las tarifas variables** que el Revenue Manager considere oportunas.

Las tarifas máximas de rack han tenido que ser notificadas previamente a la Consejería de Turismo. Así que conviene recordar que no es legal aplicar precios superiores a los comunicados. Es decir, si se ha determinado que el precio de una habitación doble en mayo es de 100 €, ya no se podrá cobrar 150 € por ella, aunque haya una gran demanda en la zona por un hecho puntual. En cambio, estas tarifas sí se pueden abaratar.

Antes, solo variaban según la temporada y solo se permitía un descuento cuando el Cliente estaba en posesión de la tarjeta de fidelidad del Hotel. Así que el Recepcionista no tenía mayor problema para aplicar correctamente el precio a cada Cliente.

Pero los tiempos cambian, y los Hoteleros han visto que es mejor adaptar constantemente los precios a la demanda (emulando las compañías aéreas). Con internet y las nuevas tecnologías, se ha facilitado la coordinación de los precios y se ha incorporado la aplicación de la gestión de ingresos. Con esta gestión, también llamada «Revenue Management» o «Yield Management», se consigue «vender la habitación adecuada al Cliente adecuado en el momento adecuado al precio adecuado». Su principal objetivo es maximizar los ingresos durante periodos de tráfico alto y maximizar tráfico en periodos de ingresos bajos. Es decir, obtener un máximo de ingresos cuando la demanda es alta y obtener un máximo de reservas cuando es baja.

Hoy en día la aplicación del Revenue Management es indispensable para la optimización de ingresos en los Hoteles y es una de las principales funciones del Jefe de Recepción si el Hotel no cuenta con un departamento Comercial o de un Revenue Manager.

Las técnicas son algo complejas pero en el apartado «Tips» intento simplificar el mecanismo y su aplicación. De todas formas, existen programas informáticos que facilitan esta tarea.

Es importante que todo el departamento de Recepción conozca y participe en esta política de gestión de ingresos. De esta manera, el Recepcionista podrá aplicar correctamente y sin titubeos la tarifa que corresponde a un Cliente de mostrador, adaptándola a las circunstancias del momento.

Reconozco que siempre me ha resultado muy desagradable que un Cliente intente regatear el precio de su estancia. ¿Acaso va a El Corte Inglés y se pone a discutir con el dependiente para pagar menos por un traje? ¿O intenta que le bajen el precio de un bolso de Carolina Herrera al precio de uno de cualquier otra marca más accesible, solo porque compra a menudo en la tienda? No suele ocurrir… O espera al periodo de rebajas con el riesgo de que ya no esté el traje o el bolso que le gusta, o lo compra por el precio indicado, o no lo compra si no está a su alcance. Pero en los Hoteles, parece que lo normal es que el Cliente intente abaratar el precio de su estancia, y más aún desde que existen los metabuscadores de Hoteles y demás portales comparativos en internet. Es verdad que algunos tienen un razonamiento que te pueden dejar sin argumentos. En este caso (como en casi todos) «el conocimiento es poder» y he comprobado que si dominas la política de precios y sabes exactamente hasta dónde puedes llegar, podrás mostrarte firme (sin ser desagradable) ante el regateo.

b. El request y su importancia

El request es una petición no confirmada, un deseo del futuro Cliente.

Muchos del gremio lo toman como un cometido opcional, no están dispuestos a consentir lo que estiman un antojo de un Huésped caprichoso y no le dan la mínima relevancia.

Yo, por lo contrario, considero que es una auténtica oportunidad para saber más de mi próximo Cliente, una pista para conocerle mejor y estar al tanto de lo que le gusta y de lo que quiere. Para mí, un request es un valioso acercamiento previo a su llegada. También es la ocasión de saber si vamos a recibir de nuevo a un Huésped que se alojó anteriormente e identificarlo así como repetidor.

Además, puede ser un buen momento para ofrecer un up-selling o un cross-selling (Por supuesto, dependerá de la solicitud, pues no es igual que el futuro Cliente solicite un piso bajo por tener vértigo a que pida una botella de Moët Chandon en la habitación).

Estas solicitudes, pueden ser formuladas directamente, o a través de su agencia o del tour operador. Llegan a través de llamadas de teléfono, cartas, emails, o aparecen en un apartado de la reserva, incluso pueden haber sido planteadas *in situ*, por el Cliente que se alojará de nuevo en nuestro Hotel.

Es importante contestar a las cartas y los emails de los Clientes para iniciar desde el principio una buena relación con ellos. Reconozco que puede llegar a ser agobiante tener que responder de forma personalizada a todos los requests que se reciben y, además, organizar una logística para tener en cuenta esas peticiones. Lo ideal es buscar un método rápido para no pasar más de la mitad de la jornada laboral en ello (Al final del libro, en la sección «Tips», te explico más detalladamente cómo lo hacía yo).

Pero quiero recalcar que si aprovechas la tecnología para mejorar la eficiencia del proceso, no debes olvidar de humanizar y personalizar tus respuestas. Si no, el Cliente intuirá que es una respuesta automática y tendrá la impresión de que realmente nadie ha tomado en cuenta su petición. Por otro lado, aconsejo que las respuestas vayan firmadas siempre con un nombre y no escondidas detrás de un «departamento de Recepción».

Hace unas semanas, se hizo viral un asunto relacionado con los requests: un Cliente había solicitado tener a su llegada en un Hotel de Sevilla, un cisne (hecho con una toalla) y una foto de El Fary, porque a su mujer le encantaba dicho cantante. El Hotel le concedió el deseo, el Cliente sacó una foto, la publicó en una red social… y ¡el tema fue tratado en las noticias nacionales!

Pude comprobar cómo muchos profesionales se echaban las manos a la cabeza y preguntaban hasta dónde íbamos a llegar.

No entiendo esa actitud. ¿No son conscientes de que con un coste de casi 0 euros, el Hotel consiguió que unos Clientes se sintieran felices?, ¡además de obtener una tremenda e inesperada publicidad! Todo gracias a que alguien en el departamento de Recepción le diera la debida importancia al request y se encargara de que se cumpliera el deseo del Cliente.

Cuando era Recepcionista, un sábado por la noche, al asignar las habitaciones para las llegadas del día siguiente, me encontré con una petición que me dejó sin dormir esa noche.

El Cliente había solicitado un ramo de flores en la habitación el día de llegada como regalo a su mujer, como muestra de amor y apoyo porque ella acababa de terminar sus sesiones de quimioterapia. Él pagaría discretamente el coste del servicio cuando no estuviera su esposa cerca. El request estaba anotado en observaciones en el listado de llegada, pero nada más. Y ahora, ¿cómo iba a conseguir yo unas flores un domingo por la mañana? Con lo sencillo que hubiera sido, si llego a saberlo antes, aunque fuera con unas horas de antelación.

Ya estaba imaginando a mi Marcela convaleciente, cansada del viaje, llegando a la habitación con su marido, y la decepción de este al no ver el jarrón con un precioso ramo de flores.

Por la mañana, y después de pasar la noche en blanco, le hice partícipe de mi desazón a la Gobernanta. Ella sonrió y me dijo: «Olvídate del problema, te lo voy a solucionar enseguida». Con la misma determinación, se fue al jardín del Hotel y me cortó unas cuantas estrelitzias para el ramo de bienvenida.

Ese día aprendí varias cosas: una fue que tenía una Gobernanta con un corazón de oro, a pesar de una apariencia seria y autoritaria. Otra fue más genérica: si no sabes cómo solucionar un problema, compártelo con otra persona, igual ella tiene la solución. Y la última, la más pertinente para este libro, fue darme cuenta de que con previsión y organización se pueden prevenir muchos problemas.

Por esa razón, cuando ascendí a Jefa de Recepción, decidí darle más importancia a los requests y llevarlos de forma personal. Llegaran de donde llegaran, las peticiones terminaban en mi despacho (a veces era un miembro del personal ajeno a Recepción el que me avisaba). Así me podía ir organizando con tiempo, y conseguir satisfacer los «pequeños caprichos» de nuestros Clientes.

c. Las reservas sin request

Algunas reservas llegan sin petición alguna. Lo que a priori parece una ventaja, puede convertirse en un inconveniente cuando llega el Cliente, pues si no está satisfecho con la habitación asignada, lo más probable es que solicite un cambio de habitación, con el trastorno para el departamento de Pisos y el gasto que conlleva si se acepta o su frustración si se le niega.

Te aconsejo elegir con cariño las habitaciones para tus Clientes, en lugar de darle a una tecla y que el PMS (Property Management System) seleccione de forma aleatoria la habitación que ocupará cada Cliente sin request. A continuación te cuento cómo llegué a esta conclusión y cómo conseguí conocer mejor a mi Clientela y a mi Hotel.

Llevaba poco tiempo dirigiendo la Recepción cuando, un martes, la Gobernanta llegó hecha una auténtica furia. Yo no terminaba de entender por qué estaba tan molesta al ver los 30 cambios de habitación previstos para ese día. Casi todos los Clientes italianos que habían llegado la tarde anterior estaban insatisfechos con sus habitaciones y habían solicitado cambio. Estaba el Hotel completo y no había sido posible cambiarlos en el check-in. Como el martes había muchas salidas (y entradas), los Recepcionistas pensaron que era el mejor día para que pudieran cambiar de habitación y así tenerlos a todos satisfechos. No habían tenido en cuenta que tantos cambios suponían un total desbarajuste en la planificación de trabajo del departamento de Pisos.

La Gobernanta programaba las tareas de sus camareras en función de las entradas y salidas previstas y de los Clientes alojados. Un cambio de habitación, para su departamento equivalía a una salida más. Se traducía en un tiempo superior para la limpieza de las habitaciones (hay un tiempo estipulado para limpiar una habitación que sigue ocupada por las mismas personas que durmieron la noche anterior y otro para limpiar una habitación donde dormirán unos Clientes distintos a los que durmieron la noche anterior). También suponía en lavandería un coste superior al coste previsto ya que se iban a tener que lavar obligatoriamente sábanas y toallas de unos Clientes que acaban de llegar (cuando estaba estipulado que la ropa de cama se cambiaba a las tres noches de estancia, y las toallas solo cuando lo solicitaran los Clientes).

Desde aquel día, los dos departamentos y la Dirección del Hotel acordamos un número máximo de cambios al día. Ese tope podía modificarse por circunstancias especiales, después de ser consensuado. La política de nuestra empresa estaba centrada en la felicidad y el bienestar de los Clientes, por eso se acordó cobrar un suplemento solamente si era un cambio a una habitación de categoría superior (algunos Hoteles les cobran un extra a sus Clientes por el hecho de cambiarse de habitación, para amortizar así el coste de lavandería y el trabajo adicional de la camarera).

Por otro lado, les pedí a mis Recepcionistas que me indicaran siempre por qué el Cliente quería cambiarse de habitación. Así, poco a poco, fui analizando los gustos de los Clientes y averiguando las particularidades de ciertas habitaciones.

Empecé a darme cuenta de que según la nacionalidad, la edad o las circunstancias del viaje de los Clientes, las preferencias podían coincidir.

Descubrí que a los italianos que se alojaban en nuestro Hotel, les importaba más ocupar una habitación con sol desde por la mañana a tener una habitación con vistas al mar pero con sol solamente por la tarde.

Los rusos nunca se quejaban del frío, aunque estuvieran en una habitación en el ala norte, pero si tenían una habitación donde daba el sol durante casi todo el día, protestaban por el calor.

A los checos les encantaba la vista al mar.

A los recién casados era mejor asignarles una habitación con cama de matrimonio desde un principio.

La gente joven le daba mucha importancia al wifi, los jubilados no tanto (la señal no llegaba por igual en todas las habitaciones, y en aquel entonces la gente mayor no tenía Smartphone).

Si pedían habitaciones contiguas por tener niños pequeños, tenía que estar pendiente y no darles simplemente dos habitaciones una al lado de la otra, sino asegurarme de que las puertas estaban cerca (algunas habitaciones, a pesar de ser colindantes, tenían las puertas muy alejadas la una de la otra).

Y así, después de haber confeccionado un plano de cada piso con los datos que necesitaba (ubicación de las puertas de entrada, habitaciones separadas por ascensor, baños con ventana, vistas...) y teniendo en cuenta todos estos factores al asignar las habitaciones, conseguí evitar unos cuantos cambios de habitación.

3. LA LLEGADA. EL CHECK-IN.

a. La primera impresión

El check-in es el registro de entrada del Cliente, y también, en muchos casos, el primer contacto directo que tiene el Huésped con el Hotel. Todos sabemos la importancia de causar buena impresión, y, citando a Oscar Wilde: «Nunca hay una segunda oportunidad para causar una primera buena impresión».

En este primer trato con el Huésped, el Recepcionista debe recabar toda la información necesaria para el Hotel, y darle las instrucciones indispensables para que pueda iniciar su estancia.

Y el Recepcionista repite una y otra vez, y otra vez, este proceso. Por esa razón es casi inevitable caer en la rutina y terminar, desgraciadamente, haciendo un check-in de forma automática e impersonal, como lo haría un robot.

En este caso, tu función como responsable del departamento, es la de recalcar que el check-in es el momento ideal para empezar a crear un clima de confianza, para conseguir que más adelante, durante su estancia, el Cliente vuelva a Recepción sin tener la impresión de molestar o de tratar con unas máquinas.

Porque el check-in es el mejor momento para:

- **Recordar que es la primera impresión** que tiene el Cliente nada más llegar al Hotel, y si empieza con mal pie, posteriormente, y a veces de forma inconsciente, será intransigente ante el mínimo error.

- **Hacerle sentir como un Huésped.** Uno de mis Recepcionistas empezó a recibir a todos los británicos con una gran sonrisa y un «Welcome home». Al comprobar las reacciones tan positivas de los Clientes, sus compañeros, fueron adoptando esta aparentemente baladí bienvenida.

- **Tratarlo no solo como Huésped, sino también como Cliente** si la circunstancia lo requiere. Pues si por norma hay que cobrarle a la llegada, se le cobra. Si solicita una habitación de un tipo superior a la habitación reservada, se le ofrecer un up-selling.

- **Reconocer al Cliente repetidor.** Puede ser que no te acuerdes de él, pero existen unos trucos que encontrarás en el apartado de los tips para que el Cliente se sienta reconocido y especial. Quiero hacer hincapié en la importancia de hacerlo en su justa medida, para que no exista agravio comparativo (nada más desagradable para un Cliente que llega por primera vez tener la impresión que se le considera como un Cliente de «segunda» por no ser repetidor). No se trata de reconocer al Cliente repetidor al final de la cola de check-in y hacerle pasar por delante de todos los demás, darle unos abrazos, preocuparse por su bienestar, decirle que tiene la mejor habitación del Hotel y después atender al Cliente «anónimo» sin levantar la mirada del teclado del ordenador y sin prestar atención a sus peticiones.

  Además, es importante no vulnerar su privacidad ni los derechos de protección de datos. No es la misma situación que un Cliente te escriba que vuelve a tu Hotel un año más, con toda su familia, a que tú lo reconozcas pero él no haya mencionado nada, porque al igual, no está interesado en que nadie sepa que se ha alojado aquí anteriormente.

- **Ser consciente de que el Cliente-Huésped puede estar cansado del viaje y puede oír sin escuchar.** En este caso, para él, el check-in no deja de ser un trámite molesto antes de empezar, por fin, su estancia. Está deseando ir a su habitación y probablemente, no recuerde nada o muy poco de todo lo que se le diga. Por eso hay que procurar que el check-in sea rápido y conciso pero a su vez eficiente y personal (ver «Tips»).

- **Crear lazos con el Huésped,** por muy breve que haya sido el check-in. Aconsejo que el Recepcionista escriba su nombre en la información que le entrega, diciendo algo así como «Soy Rosi, estoy a su disposición para lo que necesite. No dude en contactarme si tiene cualquier duda o problema. Si no estoy en ese momento, puede tener la seguridad de que mis compañeros le ayudarán de la misma manera». Así, la Recepción deja de ser un concepto global para el Cliente y ya tiene una cara (que en muchos casos no recordará), un nombre, alguien a quien acudir. Ya no dudará en volver a Recepción cuando necesite información, cuando tenga un problema o simplemente cuando anhele charlar. Con este simple gesto se consigue crear un vínculo más personal y se está humanizando el check-in.

- **Aprovechar la ocasión, si el Cliente está receptivo y con ganas de hablar,** para alargar algo más el check-in (siempre y cuando no haya una cola esperando).

- **Recibir a cada Cliente como si se recibiera a Marcela.** Con esta predisposición, se le perdonan sus desaires, su mala cara, su poco interés a las explicaciones aportadas, pues se le achaca todo al cansancio del viaje. Hasta uno encuentra la paciencia suficiente para explicarle de nuevo las normas del Hotel que no termina de entender (como que se le pida la documentación a todos los integrantes de la reserva, por ejemplo).

Uno de los check-in más sorprendentes que he vivido fue cuando ya era Jefa de Recepción. Contaba con un gran equipo, al que me gustaba llamar «mis niños».

Aquel día, estaba en mi despacho, comprobando las llegadas del día siguiente. Desde mi silla podía controlar casi todo lo que ocurría en el mostrador de Recepción. Y digo «casi», porque en la parte más alejada, en la zona de check-in, había una columna en mi ángulo de visión que me impedía ver lo que sucedía justo detrás.

Una de mis «niñas» se acercó hasta mi mesa y me preguntó si podía ir al mostrador. Al tratarse de una gran profesional, supuse que si solicitaba mi presencia en un check-in, era porque había surgido algún problema. Lo único que me había dicho era que se trataba de la llegada de los rusos y se había vuelto a ir. Di por hecho que había alguna dificultad con el idioma. No es que yo dominara el ruso, pero gracias a una formación que había recibido, podía entenderlo y hablar algo, aunque fuera lo básico.

Cuando me acerqué al mostrador, detrás de la columna, allí vi a la clienta...

Blanca y radiante, con un enorme ramo de flores en las manos, y un traje de novia impresionante. Era como el vestido de Cenicienta (antes de que dieran las 12 campanadas), pero en blanco. Se había quedado algo retirada en el hall, mientras el novio hacía el check-in acompañado por el guía del T. O. Era una imagen algo surrealista, ella con su traje de princesa, y detrás, Clientes que salían del ascensor en bañador, toalla en mano, y que se paraban a contemplarla.

Realmente, mi presencia no era necesaria. Solo me había avisado para que no me perdiera la escena.

Más tarde, el guía me aseguró que la soviética había viajado así desde Moscú, ¡pero tengo serias dudas al respecto! Y cuando vuelo y voy al reducido lavabo del avión, me gusta recordar a mi novia así vestida, en un viaje de más de siete horas, haciendo contorsionismo para no estropear el traje.

b. La llegada imprevista

A veces, el nombre del Cliente no aparece en la lista y nos encontramos ante una llegada imprevista. En ese momento, es bueno recordar que el Cliente está muy pendiente del Recepcionista y de sus reacciones, y que cualquier gesto o silencio puede ser malinterpretado. La situación de por sí crea una tensión involuntaria, pero se puede conseguir mitigarla.

En mi blog, www.bambalinasdeHotel.com, comparé el trabajo del Recepcionista detrás del mostrador al de un actor en el escenario de un teatro: Todas las miradas están pendientes de él, es algo que el Recepcionista, igual que el actor, no debe olvidar.

Lo ideal es prevenir este tipo de situación. Pues muchas veces, un error interno del Hotel puede ser el origen de una llegada imprevista. Por eso recomiendo comprobar si todas las reservas físicas están pasadas en el ordenador un día o dos antes de la llegada. De paso, se chequea también si todos los requests están anotados y si hay que actuar con antelación para cumplir con lo solicitado (pedir ramo de flores, por ejemplo).

Así y todo, siempre habrá llegadas imprevistas. Aquí te detallo los pasos a seguir por el Recepcionista:

- **Tranquilizar a los Clientes** diciéndoles que aunque no aparezcan en el listado, se buscará una solución.

- **Recopilar un máximo de datos:** Conocer todos los nombres de los componentes del grupo (incluyendo el nombre de la persona que hizo la reserva si no viaja con los Huéspedes), averiguar si tienen un bono, un comprobante de la reserva o un recibo del intermediario (muchos Huéspedes contestan que han hecho la reserva por «Internet», pensando que lo han hecho directamente en la página propia del Hotel).

- **Averiguar si la reserva está** en el ordenador **bajo otro nombre.** Puede ser que se esté buscando la reserva bajo el nombre del marido y realmente está bajo el de la mujer. O que al transcribir el nombre haya habido una omisión o un baile de letras.

- Si las averiguaciones se están alargando, **invitarles a que esperen sentados** en el lobby o en el Bar (con opción a dejar el equipaje en un sitio seguro).

- **Si hay disponibilidad** pero no se consigue contactar con el intermediario (porque es de noche, porque no contesta, porque se desconoce si hay relación comercial con la agencia en cuestión y el departamento de reservas está cerrado) o si los Clientes insisten en que necesitan descansar, **ofrecerles una habitación a cambio de una garantía** (reteniendo una cantidad en la tarjeta de crédito, cobrando el importe de una noche a precio de rack, etc.).

- **Si no hay disponibilidad y es error de la agencia,** esta debe encargarse de buscarles otro Hotel.

- **Si no hay disponibilidad y se ha aclarado que el problema es debido a un error interno,** se debe actuar como en el caso del overbooking (ver «Tips»), o sea, buscándole un Hotel de similar categoría y ubicación, y haciéndonos cargo de su estancia en el nuevo Hotel siempre y cuando su reserva esté cobrada ya sea por su agencia o directamente por nosotros.

- **Si no hay disponibilidad y no se ha conseguido averiguar de dónde viene el error,** se le busca un Hotel de similar categoría y ubicación pero el Cliente debe hacerse cargo de la primera noche hasta que se averigüe algo más.

Como habrás comprobado, aquí hay que tener presente de nuevo que el Huésped también es Cliente; si bien nos preocupamos por no dejarle «dormir en la calle o en el sofá», tampoco podemos darle alojamiento sin ninguna garantía. Incluso si el Cliente le ha pagado a un intermediario desconocido, pues no podemos arriesgarnos a no cobrar su estancia, ya que son numerosos los timos en la red.

Recuerdo una vez, atendiendo la llegada de una clienta de edad avanzada cuyo nombre no aparecía en el listado de llegadas, cómo exclamó en tono lloroso y asustado: «Dios mío, ¿dónde voy a dormir esta noche? Mi hija se encargó de todo con la agencia. Está todo pagado, se lo juro». Y toda esta retahíla la desencadenó mi «no encuentro su nombre en el listado, perdone un momento». Bueno, no…, realmente lo que creo que desencadenó la angustia de la clienta fue verme a continuación con el ceño fruncido, mientras intentaba averiguar qué había pasado con su reserva, en silencio. Ella no podía imaginar que mi molestia real se debía a los numerosos errores cometidos por el departamento de Reservas esos días (se había incorporado un nuevo miembro al equipo pero nadie controlaba su trabajo).

La reacción de la clienta (a la que tranquilicé inmediatamente) me hizo pensar en lo que hago yo en los aviones, cuando hay turbulencias y se enciende la luz para abrocharse el cinturón. Siempre miro la cara de las azafatas para ver si hay algo por lo que preocuparse. Como tengan el semblante serio, ya empiezo a entrar en pánico.

A partir de entonces, suelo recalcar a los Recepcionistas la importancia de sus reacciones ante los Clientes, principalmente en situaciones que pueden resultar tensas (llegadas imprevistas, datáfono que no funciona, alarma de incendio sonando…), para no incrementar su desasosiego.

c. Los conflictos en el check-in

Cuando el Cliente llega al Hotel y algo no se ajusta a sus expectativas, la protesta más escuchada por los Recepcionistas es la habitual: «He viajado por el mundo entero y es la primera vez que…». La verdad es que pensaba que solo lo decían los Clientes de nuestro Hotel, pero en una encuesta realizada a Recepcionistas de todos los países, ha sido la frase que ha sido elegido como más recurrente (seguida de cerca por la pregunta: «¿Cuál es la clave wifi?»).

Pero ¿sabes qué molesta a los Clientes en la llegada?

- Tener que facilitar los documentos de identificación (DNI o pasaportes) de todos los ocupantes de la habitación.

  Siguiendo la normativa turística y la Ley de Protección de la Seguridad Ciudadana, estos datos deben ser remitidos al Cuerpo de Seguridad del Estado competente (Policía Nacional o Guardia Civil para las poblaciones más pequeñas), en un plazo máximo de 24 horas después del registro. En caso de incumplimiento, el Hotel incurre en una infracción y puede ser sancionado. Los Clientes suelen molestarse porque si bien es cierto que algunos Hoteles españoles no cumplen con esta obligación, también ocurre que en otros países no es obligatorio identificarse al registrarse en el Hotel.

En determinadas recepciones tienen la reglamentación muy a mano para enseñársela a los Clientes más escépticos. En mi caso, nunca ha representado un problema de gran transcendencia, quizás porque los guías informaban a los Clientes de esta normativa antes de que llegaran al Hotel.

- Tener que pagar por adelantado o dejar los datos de su tarjeta de crédito como depósito. Muchos lo toman como un acto de desconfianza por parte del Hotel. Con diplomacia, se consigue que entiendan que es una norma que el Hotel ha tenido que implantar para evitar estafas.

- Enseñar la tarjeta de crédito con la que aseguraron una reserva por internet para que el Recepcionista pueda comprobar los datos. Terminan por entender que el chequeo se realiza por seguridad, y que si les robaran los datos de su tarjeta, les gustaría que el establecimiento se asegurara de quién es el titular de la tarjeta, antes de hacerle un cargo.

- Siendo Cliente de pago directo, tener que pagar la tarifa de rack, que resulta ser superior a la tarifa que aparece en un portal de internet. Suele ser la situación más compleja a la hora de dar explicaciones. Allí interviene el Revenue Management y, en ocasiones, el dumping, que hacen algunas agencias. Sin lugar a duda, es importante que el Recepcionista conozca en detalle la política comercial del Hotel para saber si puede aplicar otra tarifa, conceder un descuento o hacer un upgrade sin cargo para que el Cliente no se sienta timado. Y si no puede aportar una respuesta apropiada ni una solución satisfactoria para el Cliente, mejor remitirle a su superior (ver tips sobre Cliente enfadado).

- No tener la habitación que habían solicitado previamente. En estos casos, lo mejor es que el Recepcionista empiece a interpretar, cual actor en un escenario. Por mucho que tenga en mente el planning de habitaciones, y sepa perfectamente que no puede complacer al Cliente, es mejor que finja que se está esforzando por encontrar una solución (mirando el ordenador, tecleando y poniendo cara de total dedicación...) a que le diga directamente que es imposible y que no le puede asignar ninguna habitación que se ajuste a su petición. Después de este pequeño paripé y de ofrecerle un cambio de habitación durante su estancia, al final el Cliente accede a alojarse en la habitación asignada y muchas veces decide permanecer en ella durante toda su estadía.

Como dato anecdótico, recuerdo una colega que afirmaba con ironía, que los Clientes lloraban más cuando no conseguían la habitación que querían que cuando se les moría un familiar en el Hotel.

- Tener que alojarse en otro Hotel por culpa del overbooking: algunos piensan que es una práctica ilegal y hasta amenazan con llamar a la Policía.
  Cada Comunidad Autónoma regula al respecto, pero en general, el overbooking es considerado como una infracción leve, siempre y cuando se le facilite al Cliente un alojamiento de igual o superior categoría en la misma zona.

Más de una vez recibí en el despacho a Clientes que se negaban a ser desviados, pero con paciencia y a veces algún que otro acuerdo compensatorio, conseguía convencerlos para que se fueran al otro Hotel. Una vez, hasta les tuve que acompañar personalmente a su nuevo alojamiento para que comprobaran que no les engañaba cuando les decía que era un Hotel precioso (se trataba de un Hotel de la misma compañía pero con un lobby mucho más espectacular que el nuestro y se quedaron boquiabiertos al entrar en el hall).

4. DURANTE LA ESTANCIA

a. El poder de la sonrisa

Vuelvo a recalcar la importancia de conseguir que la Recepción sea como un imán para el Huésped (con polos que se atraen, por supuesto). Pues si el Cliente utiliza la Recepción solamente para el check-in y el check-out, nuestra profesión estará en vía de extinción y seremos sustituidos irremediablemente por unos robots.

Pero obviando este argumento, ¿por qué tienes que atraerlos? Porque la Recepción, además de ser el corazón, el centro del Hotel, también es su mejor punto de venta. Pues conociendo mejor a tu Huésped al hilo de las conversaciones y una vez conquistada su confianza, será mucho más fácil conseguir hacer up-selling o cross-selling.

Sí, para poder vender más y para lograr que desee volver en un futuro, debes conseguir que el Cliente pase a sentirse Huésped, a sentir que es especial, que la Recepción está a su entera disposición, que nadie se va a molestar por tener que repetirle algo que le explicó anteriormente, que nadie va a mostrar fastidio cuando le comente algo de su vida personal, que nadie le va a considerar como un número más de habitación.

¿Cómo te ganas al Cliente? Principalmente con mucha paciencia y, además, ¡con una **SONRISA**!

Uno de mis primeros Directores, hace más de 30 años, pegó un cartel de metacrilato en la parte lateral del casillero de llaves, esa parte que veíamos siempre antes de entrar en la Recepción. En una época en la que no conocíamos los emoticonos, una carita sonriente de color naranja daba la bienvenida a todos los Recepcionistas, con el eslogan «Una sonrisa no cuesta nada». La tengo grabada en mi mente y en mi corazón para siempre.

No sé si gracias a este recordatorio que vi diariamente durante más de 25 años, o porque a mí me sale casi de forma innata, llegué a inculcarle a mi equipo que **la sonrisa es parte del uniforme de Recepción**.

Cuando hablo de sonrisa, hablo de buena predisposición, de interés sincero, no de una sonrisa de Joker. Porque es cierto que un Cliente enfadado interpreta una sonrisa «tatuada» en el rostro del Recepcionista como una provocación, incluso como un insulto. Desde luego, no siempre es fácil mantener una actitud amable y una escucha activa ante un Cliente malhumorado, pero en esas situaciones, intenta recordar la frase: «Quiéreme cuando menos lo merezca porque es cuando más lo necesito».

También es importante tener en mente que somos la imagen de la empresa. Insisto que el mostrador (o front desk o front office) es como un escenario con unos espectadores (o sea, nuestros Clientes) siempre pendientes de ti; los veas o no. De nada sirve atenderlos con una magnífica sonrisa, si después haces comentarios desafortunados en voz alta con tus compañeros, dando por hecho que nadie te oye o que los presentes no te entienden.

A mí me pasó, siendo clienta en un Hotel en Francia. Con mi apellido español, no podían imaginarse que me había criado en Francia y que su idioma era mi lengua materna. Los Recepcionistas se pusieron a despotricar de unos Clientes que acababan de atender, justo antes de hacerme el check-in. Aunque no hablaran de mí, me sentó fatal, perdieron mi confianza y pensé que eran unos hipócritas. No quiero pensar lo mal que puede llegar a sentirse en la misma situación alguien que no sea del gremio.

Por esa razón insisto a los Recepcionistas que eviten malas caras u observaciones ofensivas o jocosas cuando están de cara al público. Así, no corren el riesgo de que otra persona los vea o los escuche. Es más, si tienen que informar de alguna desavenencia a sus compañeros, lo mejor es que lo hagan «entre bambalinas», en un despacho o en un cuarto, pero siempre sin espectador ni oyente.

Como Jefa de Recepción, reconozco que también he olvidado en algún momento que estamos constantemente expuestos a los ojos de los Clientes. Un martes, una de mis Recepcionistas me dijo: «La Sra. Smith está muy disgustada contigo, dice que no la quieres nada, que le tienes manía». Yo me quedé atónita… ¿Cómo era posible? Le había asignado la habitación que le gustaba, ni siquiera la había visto porque había llegado el sábado y yo no trabajaba ese día. ¿Estaría confundida la buena mujer? Pues no, por lo visto, todo había ocurrido el lunes. Yo había cruzado la Recepción, molesta, en busca del libro de novedades, después de que un Cliente hiciera una reclamación el fin de semana. Recuerdo exactamente ese momento, cómo me sentía, llena de rabia y frustración porque lo que había comentado el Cliente no se ajustaba en nada a la realidad. Si miré hacia el mostrador o hacia el lobby, ni me di cuenta. Pero se ve que miré. ¡Y que mi Sra. Smith se encontraba por allí en ese momento! Desde luego ella percibió toda mi ira y mi disgusto, lo malo es que quedó convencida de que le eran destinados. Contacté con ella, le pedí disculpas, le dije que ese día había salido a Recepción enfadada por una llamada de teléfono del colegio de mi hijo (lo siento, Hugo, fue una mentira piadosa) y que estaba tan enojada con él que solo pensaba en la reprimenda que iba a recibir al volver a casa, y que no me había dado cuenta de que ella se encontraba allí en ese momento… No sé si me creyó o siguió convencida de que yo era el mismísimo diablo.

Lo cierto es que a raíz de ese incidente, intento salir «al escenario» con mi mejor sonrisa, por muy enfadada, pensativa o triste que esté.

b. Atraer al Cliente a Recepción. Los beneficios

Otro punto, que comenté anteriormente, es la importancia de identificarse personalmente en el check-in, y anotarlo en la documentación que se lleva el Cliente, casi como iniciativa propia. Si el Recepcionista solo indica su nombre de viva voz al recién llegado Cliente, lo más probable es que se olvide enseguida (y tampoco recuerde su cara).

Pero con esto, la intención no es que solo les atienda el Recepcionista que los recibió a su llegada, no. La intención es conseguir que a cada vez que el Cliente pregunte por él y no esté, le atienda otro de los Recepcionistas y este vaya ganándose a su vez su confianza. Por supuesto, es fundamental que todo el departamento se sienta involucrado. De caso contrario, se conseguiría el efecto inverso. Nada peor que cuando un Cliente pregunte por un Recepcionista determinado, se le conteste que no vuelve hasta pasados dos días porque está descansando, y se le deje con la impresión de que nadie más le puede ayudar.

¿Cuáles son los beneficios de crear ese clima de confianza? Pues como ya comenté anteriormente para VENDER, por ejemplo, cuando el Cliente quiera regalarle algo especial a su mujer, se dirigirá directamente a la Recepción y pedirá consejo. En ese momento, con todo el cariño del mundo (porque es su Huésped), el Recepcionista podrá ofrecerle un cross-selling (porque también es su Cliente). O sea, podrá ofrecerle-venderle ya sea una cena romántica a la luz de las velas en el Restaurante de la piscina (a un precio especial tratándose de una persona especial), un masaje relajante en el spa del Hotel o un cocktail especial en el Bar. Consiguiendo así unos ingresos suplementarios para la empresa.

Es importante aprovechar todo lo que atraiga al Cliente a Recepción a diario, para conseguir un contacto personal con él: desde la venta de periódicos hasta la entrega de toallas de piscina. A los Recepcionistas les suele parecer que se trata de una labor que no les corresponde, pero deberían tomárselo como un gancho para conocer mejor al Huésped.

Ese contacto resulta provechoso para el Hotel (no solo porque de ese contacto puedan nacer más ventas, sino también porque el Cliente se siente a gusto y se está convirtiendo sin ser consciente de ello en el mejor embajador de nuestra marca), beneficioso para el Cliente (al sentirse valorado e importante) y útil para el Recepcionista (aprende a ser a veces psicólogo, otras diplomático, hombre del tiempo y además, si el Cliente es muy hablador, va conociendo otros lugares sin tener que viajar).

Como ya he dicho, un buen Recepcionista tiene que estar disponible para el Cliente y hacerle sentirse especial: conseguir que el Huésped note su cercanía hará que recuerde el Hotel con más cariño cuando se vaya. Y sí, esa buena disposición lleva a veces a que el Huésped haga preguntas absurdas, o que empiece a contarte su vida sin tener en cuenta que tienes pendiente más trabajo. Por eso, a la consigna SONRÍE, yo le añadiría AND KEEP CALM!

Lo más fácil es pensar en Marcela y en su familia.

Cuando un Cliente se eternice en el mostrador contándote cómo es su pueblo, recuerda que es Marcela, y que te está hablando de cómo es su día a día cuando no está de vacaciones. Han pasado muchos años desde que la viste la última vez, y te hace ilusión ver cómo se abre a ti, como cuando erais niños. Así, llegarás a interesarte realmente en lo que cuenta.

Cuando a un señor mayor le tengas que volver a explicar por enésima vez dónde se encuentra el Restaurante, no te desesperes, piensa que es el abuelo de Marcela y que tiene principios de Alzheimer.

Cuando un Huésped llegue a Recepción hecho una furia, atiéndelo como si fuera el marido de Marcela, él que no tenía tantas ganas como ella de venir a verte. Tienes que hacer un esfuerzo para ganártelo, para que se vaya encantado de tu casa y que quiera volver.

A veces, atraer al Cliente a Recepción puede llegar a ser mucho más beneficioso para él de lo que uno puede llegar a imaginarse.

Paso a relatarte una historia que nos marcó muchísimo en Recepción. Una mañana, al venderle el diario como lo hacía todos los días, uno de mis Recepcionistas se dio cuenta que el Sr. Dean no tenía buena cara. En su conversación matutina, consiguió averiguar que no había pasado buena noche, había estado vomitando y le dolía el brazo izquierdo. A pesar de que el Cliente no le estaba dando mayor importancia, el Recepcionista, con firmeza pero también con mucho cariño, le convenció para que fuera a Urgencias en un taxi (se negó a que le visitara un médico y menos que se llamara una ambulancia). Finalmente, el Sr. Dean quedó hospitalizado. Cuando regresó al Hotel, dijo que el Recepcionista le había salvado la vida. Había llegado a tiempo para que le trataran un principio de infarto de miocardio. Si el Sr Dean ya apreciaba a nuestro compañero, después de ese día, le fue eternamente agradecido.

c. Desavenencias, hojas de reclamación y chantaje

Pero a pesar de tu sonrisa, de tu paciencia y de tu buena predisposición, y de la de tu departamento al completo, no siempre todo sale bien.

Porque al ser el corazón del Hotel, prácticamente todos los problemas y las quejas de los Clientes van a llegar a la Recepción: tu equipo tendrá que intentar solucionar los inconvenientes que surjan, independientemente de que haya sido generado por el propio departamento o por otro:

- ¿El Cliente no encuentra el peluche favorito de su hija en la habitación? El Recepcionista hablará con el departamento de Pisos para averiguar si se lo han llevado a la lavandería al cambiar las sábanas.

- ¿El Cliente considera que la carne del bufé está reseca? Se lo comunicará al departamento de Cocina.

- ¿La abuelita dejó olvidada su dentadura en la mesa del Restaurante, envuelta en una servilleta? Hablará con el maître para intentar recuperarla.

Lo que no se puede hacer bajo ningún concepto, es lavarse las manos y decirle al Cliente que no es su problema. **Recuerda que la Recepción es la conexión entre todos los departamentos, no es un sitio con meros robots que se dedican exclusivamente a hacer check-in y check-out.**

Independientemente de las maneras que tenga el Cliente al dirigirse a ti o a tu equipo para exponer una queja, no te lo tomes como un ataque personal. Acepta sus críticas, su enfado, y céntrate en solucionar el problema. En el capítulo «Tips», podrás encontrar los pasos a seguir para atender a un Cliente enfadado.

Y si a pesar de todo, pide la hoja de reclamaciones, ten presente que es obligatorio dársela cuando la solicite, y que su entrega debe ser inmediata. No valen excusas como «las tiene el Director en su caja fuerte y está ausente» o «se han agotado». Pues si el Cliente llama a la Policía Local para dejar constancia de que ha solicitado una hoja de reclamaciones y no se le ha facilitado, el Hotel será sancionado. Por eso aconsejo que estas estén siempre en un lugar accesible a todos los Recepcionistas, y que todos conozcan el procedimiento para cumplimentarlas.

Estas hojas están compuestas de tres copias: una para la administración, una para el reclamado y una para el reclamante. El reclamante (Cliente) rellena sus datos y los hechos, el reclamado (Hotel) los suyos. Quiero subrayar que el reclamado (el Hotel) no tiene obligación de contestar sobre la marcha, es más, animo a no hacerlo en caliente. Lo mejor es escribir en la parte de observaciones de la empresa: «Se presentarán las alegaciones oportunas». Ambas partes deben firmar la hoja, a pesar de que la firma por parte del Hotel no significa que estés conforme con lo escrito por el Cliente, solo tiene efecto de acuse de recibo. El Hotel conserva en su poder la copia de la parte reclamada. El Cliente se queda con los ejemplares para la Administración y para la parte reclamante, y es él, el que se debe encargar de tramitar la hoja de reclamación. Más tarde, con más tranquilidad y en un plazo máximo de diez días, el Hotel debe contestar a la reclamación del Cliente. Lo suele hacer la Dirección del Hotel, exponiendo una descripción detallada de los hechos. Siguiendo la política empresarial, dependiendo de los hechos reclamados y si lo estima oportuno, el Director puede ofrecer algún tipo de compensación.

Reconozco que cuando el Cliente rellena la hoja de reclamación, a pesar de que se haya intentado llegar a un acuerdo satisfactorio para ambas partes, a pesar de haber dado lo mejor de ti mismo, te puedes quedar con una sensación de impotencia y frustración. Peor aún si te han tratado de forma ruda y chabacana. Es la parte ingrata del trabajo de

Recepción, el reverso de la medalla de la atención al Cliente, lo que incluso a veces te puede hacer dudar de tu vocación.

Cuando todavía no practicaba Mindfulness, mi recurso para enfrentar estos sentimientos encontrados era recordar lo que nos habían contado en un curso de formación centrado en la resolución de conflictos. Según un estudio realizado, había quedado demostrado que un pequeño porcentaje de la humanidad (si mal no recuerdo, un 3 %) era la de los «eternos insatisfechos». Y se hiciera lo que se hiciera, pasara lo que pasara, nunca quedarían satisfechos.

No sé si realmente existe este estudio, ni si los datos son reales. Pero cuando un Cliente entre los 1 000 alojados nos trata mal, para mi tranquilidad emocional, y solo en mi fuero interno, le termino colgando el sambenito. Recordando el porcentaje, pienso que además, tengo suerte porque no he tenido que lidiar con los 29 restantes.

En un grupo aparte, están los Clientes chantajistas; están dispuestos a todo para conseguir que se haga lo que ellos solicitan. No utilizan las hojas de reclamación ni intentan llegar a un acuerdo, ellos lanzan la más que célebre frase en nuestro sector: «Si no me das lo que pido, te pongo un mal comentario en internet». En estos casos, cada empresa sigue su propia política, algunas prefieren ceder al chantaje. Pues no todos los foros de opiniones tienen un sistema de control y comprobación de los hechos, y unas malas opiniones pueden llegar a perjudicar mucho a un establecimiento. Pero ¿quién te asegura que después de todo no pondrá una crítica feroz? ¿Te fías de la palabra de un chantajista?

Más adelante, comentaré cómo luchar contra un falso comentario en la red.

5. FACTURAS, CHECK-OUT Y COMENTARIOS DESPUÉS DE LA SALIDA

a. El cobro de facturas y el check-out

A veces por comodidad, otras veces por no dominar bien el programa informático, algunos Recepcionistas no quieren cobrarle al Cliente si no es el día de salida.

Creo que nunca se debería rechazar un pago. El Huésped se ha dirigido a la Recepción en ese preciso momento porque así lo ha considerado oportuno, ¿por qué razón no satisfacerle? Cobrándole cuando lo ha solicitado se le está tratando como «Cliente-Huésped», ¡esa es la situación ideal!

Recuerdo cómo, después de presenciar una escena en Recepción, al poco de iniciar mi andadura como Jefa de Recepción, el Director me dijo: «Rosi, dile a tus Recepcionistas que nunca olviden que más vale pájaro en mano que cientos volando». Pues un Cliente había querido pagar los extras de su estancia, y el Recepcionista le había dicho que como no era el día de salida, mejor que esperara y pagara ese día. Enseguida entendí por qué lo había hecho mi compañero, era más por un problema de logística que por comodidad propia: «¿Y si después de pagar llegaban más créditos a su cuenta, y se marchaba del Hotel sin pagarlos, convencido de haberlo pagado todo?». Cuando me disponía a explicarle la razón a mi superior, él apuntó: «Si el Cliente está dispuesto a pagar, hay que cobrarle en el momento; el dinero es dinero, y mejor en nuestro bolsillo que en el suyo. ¿Qué pasa si mañana le roban y se queda sin dinero, o peor, si se muere? Entonces tendrás problemas para cobrar una factura y recordarás que el Cliente intentó pagar de forma voluntaria el día anterior». Entendí el mensaje, había exagerado un poco las situaciones, pero en el fondo, tenía razón.

Hablemos ahora del día de salida, cuando se procede al check-out. Al recoger la llave (incluso si se trata de tarjeta-llave, para poder reciclarla), el Recepcionista se asegura de que el Cliente ha salido definitivamente de la habitación (información también de gran ayuda para la Gobernanta) y cobra la factura que esté pendiente, si ese es el caso. Pero ese momento, no hay que considerarlo como un mero trámite administrativo, no se debe restar importancia a esta parte del proceso dejando que los Recepcionistas lo hagan de forma automática y expeditiva; ya sea por costumbre, o por exceso de trabajo: se corre el riesgo de arruinar el trabajo de todo el equipo porque el check-out es EL BROCHE FINAL DE LA ESTANCIA DE TU HUÉSPED.

Para ello, es importante recordar que cada Cliente que se va es Marcela.

Haz que los Recepcionistas demuestren un real interés por saber si ha disfrutado de su estancia, que quieran saber si ha habido algún punto negativo, para así intentar mejorar. Cuando el Cliente manifieste su intención de volver, es conveniente que le recuerden que puede contactar con la Recepción cuando quiera reservar (así, no solo sigue sintiéndose importante, sino que también evitamos futuros intermediarios, y comisiones que pagar). Deben recalcar lo importante que es su opinión y sus sugerencias para el

Hotel, animándole a rellenar el cuestionario interno del Hotel y a dejar una buena reseña en alguna página web de viajeros.

Prepara a tu equipo también para escuchar críticas, y vuelvo a recordar, que no las tomen como algo personal.

Puede ser que el marido de Marcela haya tenido un problema y haya esperado para decírtelo justo antes de irse. Es verdad, ya es tarde para solucionarlo, pero el hecho de que lo diga, puede servir para prevenir que le vuelva a suceder a otro Cliente.

También puede ser que Marcela y su familia hayan apreciado vuestra devoción y vuestros intentos para que se sintieran felices durante sus vacaciones, pero esperaban otra cosa: por ejemplo que tu casa (Hotel) estuviera a pie de playa, que las calles fueran menos ruidosas, que la comida fuera más a su gusto, etc., y probablemente no vuelvan.

Y puede ser que Marcela haya cambiado durante todos estos años que no tuvisteis relación y ya no sea la amiga de la infancia que recordabas con tanta ternura. Puede ser que ahora forme parte de los Clientes eternamente insatisfechos... Puede ser que a pesar de todo el cariño que tú y tu departamento hayáis intentado transmitir, al final, Marcela no haya disfrutado de su estancia. Hasta te puedes encontrar que Marcela sea ahora una persona sin escrúpulos, que intente hacerte chantaje amenazándote con una mala crítica en una página web si no le haces un descuento especial de última hora o dejas de cobrarle un servicio que disfrutó.

Pero sea como sea el check-out de Marcela, no dejes que esto le influya a tu equipo a la hora de despedir a la siguiente Marcela.

b. Después de la salida del Cliente

¿Cómo recibir el feedback de los Clientes para poder analizar su grado de satisfacción? Realizando encuestas. Es importante saber si tu Cliente está satisfecho o no con el «producto» adquirido.

Hay encuestas que se hacen en vivo, tipo sondeo, cuando el Cliente todavía está alojado, y otras «postventa», que este rellena a la salida o después de su viaje. Esta retroalimentación la conseguimos mediante las encuestas diseñadas por el Hotel, o las que hacen las agencias, los T. O. y con los comentarios recibidos directamente o en la red. Sin lugar a dudas, un estudio minucioso de ese feedback nos ayudará a saber si vamos en la buena dirección.

Recordemos que la reputación es lo que vende: si el Cliente vuelve feliz a su casa, sigue recordando sus vacaciones y está soñando con volver, es que todos los departamentos del Hotel han hecho un buen trabajo. Lo positivo para tu empresa es que va a hablar a su entorno de sus vacaciones y de lo dichoso que se ha sentido. Sin ser totalmente consciente de ello, va a ser el mejor prescriptor de tu marca. Va a contagiar con su entusiasmo a más de un familiar, de un amigo o de un colega de trabajo. Ellos van a sentir la necesidad de vivir la misma experiencia. Así funciona la magia del «boca a oreja». Tu reputación se va forjando y tu Huésped, indirectamente, está vendiendo tu Hotel. Si además, durante el check-out, le has recalcado que si alguien de su entorno quiere reservar, avise que viene de su parte, tu Cliente va a recomendar tu Hotel con más vehemencia; querrá demostrar a los demás que ha sido importante para el personal del Hotel, que le conocen, que no ha sido un mero número en un Hotel.

Al margen de lo emocional y de la satisfacción que aporta saber que se ha realizado un buen trabajo, quiero insistir en que una buena reputación es sinónimo de futuros ingresos. Ayuda a crear confianza y a vender más, a diferenciarse de la competencia. Es más, esa buena reputación es un dato que le sirve de referencia al tour operador a la hora de contratar con el Hotel, y a la Dirección Comercial para negociar mejor los precios.

Debido a la importancia que está teniendo internet en nuestras vidas, la reputación online está cada vez más en auge, y es menester cuidarla mucho. Un buen Community Manager estará pendiente de ello.

Según datos recogidos en un artículo de *Hosteltur*, ¡más del 80 % de los viajeros españoles consultan los comentarios en internet antes de reservar en un Hotel!

No lo olvides, UNA BUENA REPUTACIÓN es como el SELLO DE CALIDAD de tu Hotel. En muchas ocasiones, tiene más peso que las estrellas que otorga la administración.

Recuerdo hace más de 20 años, cómo una conocida comentaba que, después de un crucero (para mí, un crucero es «un Hotel flotante»), el capitán le había enviado una carta agradeciéndole haber elegido su compañía para sus vacaciones y los comentarios dejados en una encuesta. Ella estaba realmente eufórica, convencida de que el capitán se acordaba perfectamente de ella porque habían cenado juntos (y unos cuantos comensales más) y que se había molestado en escribirle personalmente. No quise sacarle de su más que probable error, contándole que lo normal, cuando un Cliente deja un comentario, es que el Director del Hotel (o el capitán del Barco en su caso) delegue en su personal y que le conteste su secretaria o alguien del departamento Comercial, pero que no lo hace personalmente.

A mí, se me quedó grabada su cara de felicidad, pues se sintió reina por un día. Muchas veces se consigue tanto con tan poco...

c. Opiniones y comentarios negativos

La venta no se acaba cuando el Cliente reserva tu alojamiento, ni una vez que ha finalizado su estancia en el Hotel. Hay que terminar con un buen servicio «postventa». Más aún si el Cliente se ha molestado en rellenar una encuesta, ha dejado un comentario o ha aportado unas sugerencias.

Algunos Huéspedes lo hacen directamente respondiendo al cuestionario interno del Hotel, otros por correo (tradicional o electrónico), y otros eligen alguna de las plataformas digitales como son: Tripadvisor (más de 600 millones de opiniones en el sector turístico), Booking, Zoover, Minube, Yelp, Google...

Este feedback de los Clientes puede llegar a asustar, pero realmente es una gran herramienta. Gracias a ella, vamos a saber cómo percibe el Cliente nuestros esfuerzos, y vamos a ser capaces de identificar nuestras fortalezas y nuestras debilidades para poder trabajar en ellas y mejorar. En el capítulo «Tips», te menciono las pautas a seguir a la hora de contestar a los comentarios de Clientes.

¿Has recibido una mala opinión? Sobre todo, no contestes en caliente. Podrías contestar de forma agresiva y solo serviría para que descargaras tu frustración, dejando públicamente una pobre imagen del Hotel. Más tranquilo, te toca hacer de Sherlock Holmes y averiguar todo lo que puedas sobre ese Cliente. Toda la documentación recabada es clave: así, sabrás si realmente ha sido Cliente tuyo, cuándo se ha alojado, si se ha registrado alguna incidencia en ese periodo de tiempo... Una vez realizada esa labor (y algo olvidada tu acritud hacia este «traidor»), ya serás capaz de discernir entre una crítica malintencionada o falsa y otra ocasionada por un hecho que realmente ha sucedido.

En ambos casos, te aseguro que ¡no todo está perdido!

- **Crítica falsa:** Algunas plataformas de opiniones, como es el caso de Tripadvisor, no tienen un sistema seguro de verificación de reserva, pero sí tienen una herramienta para que el Hotelero denuncie una opinión cuando esta es difamatoria o insultante, y así conseguir eliminar esa opinión. Es más, ya ha habido una condena con multa y cárcel en Italia, por vender opiniones falsas en Tripadvisor. Por otro lado, hace poco, cuatro ciudadanos británicos han sido condenados en su país a multa y pena de cárcel por presentar una reclamación falsa (reclamaban 50 000 € por una supuesta intoxicación alimentaria en el Hotel).

Ojalá estas condenas sirvan como método disuasorio y los Hoteles no se sientan tan indefensos ante esta práctica de falsas denuncias.

En caso de no poder eliminar una opinión, lo mejor es contestar olvidándose de la persona deshonesta que ha escrito la crítica. Tienes que escribir teniendo presente a un Cliente potencial que esté leyendo esa crítica, preocupado y ahora indeciso a la hora de elegir tu Hotel o no. Para convencerle, tienes que argumentar de forma constructiva los hechos y destacar, sin agresividad, los elementos que demuestran que la queja carece de fundamento (por ejemplo, si la crítica es sobre la suciedad de la sauna y realmente el Hotel no dispone de spa o de la piscina para niños y tienes un Hotel «Adults only»).

- **Crítica negativa:** El Cliente tiene razón y algo ha fallado durante su estancia. ¡Todavía puedes conseguir que vuelva a tu Hotel! Si el comentario está en una página web, tienes que deplorar la mala experiencia e invitarle a contactar directamente con el establecimiento. Así, estás demostrando ante los posibles futuros Clientes tu predisposición pero también estás evitando que esta mala crítica se convierta en un debate público. O peor todavía, que algún avispado, se queje en un futuro de forma malintencionada para conseguir el mismo beneficio que el ofrecido al Cliente de la web. En privado, sea porque te ha contactado el Cliente que demostró su malestar en la plataforma digital o porque lo ha hecho directamente con un email, por correo tradicional o por teléfono, aprovecha la oportunidad para enmendar los errores con algún tipo de compensación. Cada empresa tiene su propia política y ofrecerá (o no) algún acuerdo para intentar hacer que vuelva ese Cliente que se ha sentido defraudado. No hay que olvidar que, captar un nuevo Cliente cuesta diez veces más que fidelizar a un Cliente. Por eso opino que es mejor ofrecerle un descuento especial en una próxima estancia en lugar de un reintegro parcial de lo pagado. Se trata de que vuelva al Hotel.

No es fácil, ya lo sé… Cuando alguien critica mi Hotel, el personal o los servicios recibidos, tengo una sensación similar a la que una madre tiene cuando otra persona se mete con su hijo. Puede ser menos agraciado que otro, puede tener peor carácter, puede haber tenido una mala actitud y como madre, lo reconoces; pero si te lo dice otra persona, casi por instinto, te falta poco para saltarle a la yugular. Así me siento yo cuando alguien critica mi Hotel. Supongo que es un sentimiento legítimo, porque me siento responsable de mi departamento y de mi Hotel. Por eso cuando me considero atacada, antes de contestar, pienso: «Respira y keep calm» y busco objetividad (aunque a veces cueste mucho).

6. LA SEGURIDAD DE LOS CLIENTES

a. La prevención contra incendios

Como sabes, el Hotel tiene la obligación de velar por la seguridad de sus Clientes y, para ello, debe seguir unas normas preventivas que van desde el equipamiento, hasta los sistemas de protección, pasando por planes de evacuación, desfibrilador, socorristas, controles sanitarios para evitar casos infecciosos, etc.

En el caso de la reglamentación de instalaciones de protección contra incendio (RIPCI), los Hoteles deben poseer unos equipamientos y sistemas de protección contra incendio, seguir un mantenimiento determinado y designar funciones establecidas en cuanto a recursos humanos.

Esta regulación varía en el tiempo y según las comunidades autónomas. Lo que no cambia es que, **en caso de emergencia, la Recepción se convierte en el centro de control**. Los sistemas de detección de incendio están conectados a una central de alarma que se encuentra en Recepción, al igual que el sistema de megafonía. En nuestro departamento también está la central de teléfonos, el control de ascensores y los planos de emergencia (destinados a los equipos de auxilio exterior).

Quiero destacar que estos planos deben estar colocados en un lugar visible y accesible, pues allí aparece la situación de:

—Escaleras y vías de evacuación.

—Medios de extinción disponibles.

—Dispositivos de parada de la instalación de distribución de gas, electricidad y del sistema de ventilación.

—Cuadro general del sistema de detección y alarma.

—Instalaciones y locales que presenten un riesgo especial (cocina, lencería, almacenes, estación transformadora, etc.).

—Ascensores que disponen de llamada prioritaria de bomberos.

Es decir, en los planos de emergencia aparecen unos datos fundamentales para una pronta intervención de los servicios de emergencia; de allí la importancia de tenerlos en un sitio estratégico.

Por otra parte, quiero añadir que las formaciones en esta área son obligatorias y sirven para preparar mejor a todo el personal del Hotel. Pueden parecer tediosas, repetitivas pero sin lugar a dudas, son necesarias para poder ayudar de forma valiosa en caso de emergencia. También nos entrenamos durante los simulacros (obligatorios como mínimo una vez al año). Estos sirven para advertir los problemas con los que nos podemos topar en caso real, para aprender a controlar los nervios, en definitiva, para estar mejor preparados ante un hipotético incendio, o cualquier otra amenaza.

El primer Jefe de Intervención y Emergencia debe poseer sólidos conocimientos de seguridad contra incendios y del plan de autoprotección. Ha de ser una persona con dotes de mando y localizable durante las 24 horas del día, por estas razones suele ser el Director del Hotel. Él es el que decide el momento de la evacuación, es la máxima autoridad en el edificio durante las emergencias. Actúa siempre desde el centro de control, o sea, normalmente en la zona de Recepción, recibiendo los informes del Jefe de Intervención desde el punto de emergencia.

El Jefe de Recepción suele ser el 2.º Jefe de Intervención y Emergencia. En caso de alarma, su función es la de controlar la central de incendios, coordinar los equipos de primera y segunda intervención, contactar con los servicios de emergencia, saber en todo momento en qué habitaciones se encuentran los disminuidos físicos y mentales sin depender del ordenador (gracias a un cardex manual) y comunicar todas las incidencias al primer Jefe.

Acerca del equipamiento, quiero contar una anécdota que nos ocurrió con una clienta: ella acudió enfurecida a Recepción, convencida de que estaba siendo filmada en la intimidad de su habitación, durante la noche. Descubrimos que había confundido la pequeña luz del detector de incendio con un piloto de una cámara.

Antes de que los cursos de formación fueran obligatorios y cuando todavía era Recepcionista, recuerdo que en una intervención real de los bomberos, uno de ellos me preguntó dónde estaba la columna seca. Yo no tenía idea de lo que era, y menos dónde se encontraba... Menos mal que eso sí, tenía los planos a mano y ellos enseguida la localizaron.

Para finalizar las anécdotas de este apartado, quiero comentar que llegamos a vivir los simulacros como si fueran casos reales. Y a pesar de conocer perfectamente la teoría, nos es complicado conservar la sangre fría. En más de un simulacro, he tenido que recordarle al botones que no salga corriendo hacia los ascensores para comprobar si alguien se ha quedado bloqueado, y para dejarlos abiertos y sin funcionar. Es importante dar una imagen de serenidad si ocurre tal emergencia, para que no cunda el pánico entre los Clientes. Recuerda y recuérdale a tu equipo: en caso de alarma y desalojo, los Huéspedes estarán muy pendientes de ti y de tus reacciones.

b. Medidas para evitar robos y actuación ante emergencias

Para prevenir un hurto y disuadir a los ladrones, es bueno tener cámaras de seguridad en la entrada y en la Recepción o/y un portero de acceso o/y un mozo de equipaje, además se deben tener en cuenta estos puntos:

- Algunos amantes de lo ajeno se introducen junto a un grupo de turistas recién llegados al Hotel, haciéndose pasar por uno de ellos y aprovechan un descuido, un despiste de los Clientes durante el check-in, para llevarse un bolso o una maleta. No olvidemos que por regla general, los Clientes, al pisar el Hotel, se sienten en un territorio seguro y, por lo tanto, son más vulnerables. El carterista suele aprovechar el despiste del recién llegado así como la multitud y pegarse mucho a la persona que está justo delante de él, haciendo la cola como para registrarse también. Es importante preparar al personal para que esté alerta durante el check-in, tiene que aplicar la visión periférica para poder localizar a un posible ladrón y no centrarse solamente en la persona que está atendiendo durante el check-in. En general, al sentirse descubierto, se va sin cometer delito.

- Ciertos Clientes piensan que les han robado en la habitación y enfadados o asustados, lo comunican en Recepción. En la mayoría de los casos, suele ser un despiste del Cliente. Está convencido que ha dejado algún objeto de valor en un sitio y realmente lo ha dejado en otro. Con tacto y diplomacia hay que convencerle para que compruebe de nuevo dentro de sus bolsos, maletas y demás pertenencias para asegurarse de que realmente ha desaparecido. Casi siempre, vuelve al poco tiempo, pidiendo disculpas, diciendo que ya lo ha encontrado. Si el objeto sigue sin aparecer, gracias a la tecnología, es posible saber quiénes han entrado en la habitación y a qué hora, simplemente haciendo una lectura-auditoría de la cerradura.

- Si el Cliente entrega un sobre con sus pertenencias para que sea custodiado en Recepción, en el recibo que le entrega el Recepcionista, solo se hará constar las pertenencias si este lo ha comprobado personalmente (se trata de una declaración de valores firmada por ambas partes). Si no, se pone «sobre cerrado» en el recibo. ¿Por qué tanta precaución? Porque en caso de denuncia por robo, el Hotel es responsable de los objetos depositados. No merece la pena arriesgarse a que un Cliente con mala fe afirme que le ha desaparecido del sobre una sortija de valor, cuando realmente lo que entregó fue un sobre cerrado con bisutería. Además, para más seguridad, mejor que el Cliente firme también en el cierre del sobre, así no hay posibilidad de abrirlo sin que quede constancia.

Por otro lado, también es necesario tener definido un protocolo de actuación por si, a pesar de todas las medidas preventivas, tu Huésped sufre un robo, ya sea dentro o fuera del Hotel. Aconsejo que el Recepcionista, o el encargado del momento, ponga toda su atención en el Cliente-víctima, de lo contrario, se sentirá todavía más vulnerable y guardará un recuerdo amargo de su estancia.

- Si ya ha ocurrido y el Cliente quiere presentar una denuncia, es bueno saber que la policía, en España, tiene un servicio de denuncias telefónicas para turistas extranjeros (Tel.: 902 102 112). Atienden en inglés, francés, alemán e italiano. Una vez efectuada la denuncia así, el Cliente tiene 72 horas para ratificarla en la comisaría que elija. Además, tiene preferencia para ser atendido sobre las denuncias que se realizan directamente en la comisaría, salvo causas justificadas.

- En caso de urgencia o emergencia por robo con agresión (también en casos de violencia de género, rescates, accidentes, incendios, catástrofes...), recuerda que la Recepción es el centro de control y que desde aquí, se realizan las llamadas de emergencia al 112. Todo tu equipo debe estar entrenado para explicar claramente lo que está ocurriendo y así conseguir que el servicio de Emergencias nos ayude con la mayor celeridad posible (ver los «7 pasos para realizar una llamada eficiente a Emergencias», en el capítulo «Tips»). Os recuerdo las distintas funciones de este servicio:

  —Envía ayuda. Después de valorar la situación de urgencia por un profesional de cada área, se ponen en marcha los medios necesarios para resolver la situación: policía, personal sanitario, bomberos, ambulancias, helicópteros, equipos de rescate, etc.

  —Haz el seguimiento permanente de la urgencia. El 112 coordina las actuaciones de los diferentes medios movilizados en el lugar, prepara la Recepción de las personas afectadas en los centros de destino (hospitales, albergues...) y apoya sus intervenciones, de forma global y en todos los aspectos necesarios hasta la finalización del servicio.

  —Aporta apoyo profesional: hasta que llegan los medios al lugar, el 112 presta un servicio de atención a la persona que llama, indicándole qué hacer en todo momento, desde cómo tratar una hemorragia, a qué hacer ante un ataque de pánico o cómo actuar en caso de incendio, entre otras emergencias.

c. *La protección de datos: RGPD, GDPR, LOPD y AEPD*

Para mí, esta es la parte más aburrida y engorrosa de la protección de datos de los Clientes. Así y todo, es algo que siempre he tenido presente, pero ahora ya es un imperativo legal.

Antes que nada, te explicaré lo que significa cada sigla:

RGPD: Reglamento General de Protección de Datos (de aplicación desde el 25 de mayo de 2018).

GDPR: General Data Protection Regulation (o sea, la RGPD en inglés).

LOPD: Ley Orgánica de Protección de Datos (normativa en España).

AEPD: Agencia Española de Protección de Datos (autoridad pública encargada de velar por la protección de datos).

Ahora no solamente tenemos que proteger los datos de los Clientes, sino que debemos poder demostrar en cualquier inspección que lo estamos haciendo. Y eso es lo más pesado. Como responsable del departamento, probablemente seas la persona encargada de salvaguardar los procesos y en aplicar las políticas internas del tratamiento de datos personales.

Tendrás que hacer un análisis de riesgos, una evaluación de impacto e implementar las medidas de seguridad adecuadas.

Para simplificar un poco el tema, diría que la idea principal de la ley es que debemos velar por la intimidad y privacidad de nuestros Huéspedes. En la práctica, obviando todas las medidas de seguridad y el papeleo que esto representa, se resume básicamente en:

- Formación y concienciación del equipo de Recepción de las responsabilidades y obligaciones que supone trabajar con los datos de los Clientes.

- Hacerles firmar a los Clientes un documento, a su llegada al Hotel, donde vienen explicados cuáles son los mecanismos puestos a su disposición para la gestión de sus derechos (en cuanto a protección de datos se refiere), y para recordarles estos derechos:

    —Derecho de acceso.

    —Derecho de rectificación.

—Derecho de oposición.

—Derecho de supresión.

—Derecho al olvido.

—Derecho a la limitación del tratamiento.

—Derecho a la portabilidad de sus datos.

Resumiendo:

- Imposible ya dar la dirección, el número de teléfono o el email que te pide aquel adolescente enamorado que ha perdido el papelito donde anotó todos sus datos Dulcinea antes de partir. Excepto si Dulcinea ha dado previamente su consentimiento por escrito.

- Imposible decirle a un tercero si se encuentra o no el Sr. Pérez en el Hotel, a no ser que el Sr. Pérez haya dado su consentimiento en la llegada, y por escrito.

- Imposible guardar en el cardex a la vista de todos los datos relativos a la salud del Cliente (alergias, informes terapéuticos, etc.) al ser considerados datos especialmente sensibles y necesitar una especial protección y unas medidas de seguridad más sofisticadas.

- Imposible recoger sin más el currículum de un aspirante. El candidato debe firmar antes un documento, con su consentimiento al tratamiento de sus datos personales.

- Imposible enseñar nada relativo a los Clientes a un alumno en prácticas, a no ser que haya firmado antes una cláusula de confidencialidad.

- Imposible tener los archivadores a mano para revisar rápidamente las reservas: tienen que estar controlados y bajo llave.

¿Y nuestros famosos casilleros de llaves? Recuerdo todavía con algo de nostalgia, cuando de un vistazo, sabíamos si el Cliente estaba en su habitación o no. Los llaveros eran enormes y los Huéspedes se veían obligados a dejar sus llaves antes de salir del Hotel; así evitábamos que las perdieran. Pero es cierto que igual que los Recepcionistas, cualquiera (delincuente incluido) podía comprobar si el Cliente había salido o no.

CAPÍTULO 2. TU EQUIPO: LA UNIÓN HACE LA FUERZA

INTRODUCCIÓN

No se trata de un mero dicho.

A lo largo de los años, no solo he corroborado que somos más fuertes todos juntos, sino que he constatado que mi equipo me ha hecho más fuerte como persona.

Cuando tenía 23 años, tuve la suerte de que la Dirección de la empresa me diera la oportunidad de demostrar lo que valía, ascendiéndome a Jefe de Recepción, siendo joven y siendo mujer. No olvidemos que estamos hablando de hace tres décadas, cuando la igualdad de sexos no estaba todavía instaurada en la mentalidad española.

Estaba preparada académicamente, puesto que tenía el título de TEAT (Técnico en Empresas y Actividades Turísticas, en teoría ya podía ser Director de Hotel) y llevaba más de cinco años trabajando en el mundo Hotelero (estuve trabajando y estudiando al mismo tiempo).

Cuando mi Director me propuso dirigir la Recepción, me comentó que sabía que era la persona idónea para el puesto pero que me veía muy joven (además de serlo, yo aparentaba menos edad), y que temía un poco la reacción de los Clientes, cuando hubiera un problema, preguntaran por el Jefe y saliera yo. También temía que no fuera capaz de imponerme a mi equipo, a los que habían sido mis compañeros. En lugar de ver mi juventud como un hándicap, aproveché todas sus virtudes, trabajé con ímpetu, sentí entusiasmo por lo nuevo (empezábamos a utilizar los ordenadores) y se lo transmití a mi equipo, me enfrenté a todos los problemas con optimismo. Y siguiendo mi corazón, a pesar de ser algo tímida, aprendiendo de mis errores, me convertí en un buen líder.

En un principio, asumí que ser un buen Jefe era seguir haciendo lo que ya hacía antes, sumándole nuevas tareas, con el añadido de que todo lo que hiciera el resto de mi equipo era responsabilidad mía. Poco a poco, tomé consciencia de que con mis ganas de hacerlo todo y querer abarcar tanto, iba derecha al burnout. Y empecé a delegar, a dirigir, a controlar, a rodearme de los mejores, a practicar la escucha activa y sobre todo, a confiar en mis compañeros.

En este capítulo, te voy a enseñar cómo hacer equipo. No se trata de intentar que tus colaboradores sean perfectos, se trata de que cada uno dé lo mejor de sí mismo en cada momento; se trata de fomentar el trabajo en equipo para alcanzar la excelencia, de que el equipo sea UNO. Se trata de que todos nos ayudemos y complementemos, se trata de que entendamos que unidos somos más fuertes.

1. TU PERSONAL

a. Perfiles y selección

Antes que nada, quiero subrayar la importancia de tener un equipo propio, elegido por uno mismo, para conseguir crear un buen ambiente de trabajo, para tener unos colaboradores eficaces, eficientes y leales.

Para ello, y antes de proceder a la selección, tienes que tener claro cómo es tu empleado ideal:

- Define de forma específica el perfil de cada puesto de trabajo, de las tareas y de las funciones a desempeñar. Determina cuáles son sus responsabilidades laborales (si dejas constancia de todo ello en un manual de procedimiento, le servirá también a tu equipo, para que todos sepan lo que se espera de ellos).

- Decide si es imprescindible o no que tu nuevo colaborador tenga experiencia profesional.

- No te olvides de establecer las cualidades necesarias para un buen desempeño de sus funciones. Para mí, en un trabajo de cara al público, con turnos y en equipo, estas son las cuatro habilidades principales:
  - ✓ Don de gentes (no solo por el bien de los Clientes, sino porque a nadie le gusta tratar con personas desagradables en su entorno laboral).
  - ✓ Eficiencia (o sea, la capacidad de optimizar los recursos y cumplir con sus tareas en tiempo y forma).
  - ✓ Excelencia (que no haga las cosas a medias, que intente hacer lo mejor que puede en cada momento).
  - ✓ Puntualidad (en un trabajo por turnos donde siempre tiene que haber una persona, la falta de puntualidad de un trabajador obliga a su compañero a quedarse más tiempo y genera tensiones).

  Si, además, tu empleado ideal es entusiasta, proactivo, tiene ganas de aprender y tiene el sentido de la pertenencia (o sea, siente satisfacción al sentirse parte integrante del departamento y del Hotel), te facilitará mucho la labor diaria.

- Añade también los defectos que bajo ningún concepto admitirías en un empleado: mentira, deslealtad...

Una vez que hayas concretado el perfil de tu empleado ideal para cada puesto, ya podrás hacer la selección de personal (ver «Tips»). Ya te aviso de antemano que difícilmente encontrarás a alguien que se ajuste exactamente al perfil definido. Tu tarea es la de conseguir personas que se complementen entre ellas y que juntas sean tu empleado ideal.

Empecé a ejercer de Jefe de Recepción con un equipo «heredado» pero conocido, pues llevaba ya un par de años trabajando de Recepcionista en ese mismo Hotel. Como ya comenté, yo era muy joven y sin experiencia en el liderazgo, por eso mi Director insistió en que ya nadie me llamara Rosi, sino doña Rosa. Parecía que el «doña» y el hecho de tratarme de usted delante de los Huéspedes y de los colaboradores, me iba a hacer más respetable y otorgarme mayor autoridad. Él estaba convencido de que era la mejor forma para crear una distancia entre Jefe y subalternos y sé que lo hizo con la mejor de las intenciones. Era época del liderazgo jerárquico. Seguí sus indicaciones pero a mi manera, y me convertí en la Srta. Rosi.

Solo duró unos años, porque cuando ya me sentí más segura de mí misma y de mi forma de liderar, el «señorita» desapareció como por arte de magia, pero no el respeto de mi equipo. Mi estilo de liderazgo nunca llegó a ser un estilo directivo sino más bien persuasivo y participativo. Por supuesto, los que no se ajustaban al perfil que yo necesitaba tuvieron que irse.

Me fui dando cuenta de que parte de mi fuerza radicaba en la unión de mi equipo, un equipo fruto de mi elección. Todos tenían que tener don de gentes y hablar varios idiomas. Pero ante todo, buscaba que fueran complementarios: pues si uno era un buenísimo relaciones públicas, otro, en cambio, era un especialista en números, en comprobar que no había errores en la facturación y con otro podía contar siempre cuando surgían problemas o imprevistos.

Por esta razón nunca quise que el departamento de Recursos Humanos se encargara de la selección de mi personal. Era algo demasiado personal para delegar esta tarea a otro departamento o a un ordenador.

Con los años, fui adaptando mi forma de entrevistar a los candidatos. No era cuestión de tener buena o mala suerte en cuanto a encontrar a un nuevo miembro de mi equipo, era cuestión de saber elegirlo. ¿De qué me iba a servir que el candidato seleccionado hablara seis idiomas perfectamente, tuviera un máster de turismo o una experiencia de diez años en Recepción si después no era capaz de integrarse a mi equipo, o peor todavía, si al final dividía a mi equipo metiendo cizaña?

En alguna ocasión, es cierto, me impusieron algún que otro empleado. Los pobres, tengo que reconocer que empezaron con mal pie, porque era algo que me contrariaba muchísimo. Así y todo, siempre intenté ser imparcial y objetiva. Algunos, incluso, terminaron formando parte de mi equipo de confianza (y otros no acabaron de encajar). El mayor problema, al no haberlos elegido yo, era que no había surgido ninguna química. Es más, a veces, parecía que hablábamos dos idiomas distintos. En cambio, los que había elegido personalmente captaban enseguida lo que les decía. Lo positivo del asunto fue que tuve que aprender a ser más clara en mis exposiciones, más asertiva y a emplear más a menudo el mecanismo de feedback.

b. Integración y periodo de prueba

Cuando ya has elegido al nuevo componente, el siguiente paso también es muy importante: su integración en el equipo.

- Algunas compañías organizan una reunión de inducción en el primer día laboral de sus nuevas incorporaciones. Sirve para orientar a los empleados durante sus primeros días de trabajo. Se les informa acerca del reglamento y la política general del Hotel. La empresa es la que se presenta, la que habla de sus principios y de sus propósitos, de lo que espera de sus trabajadores. Está demostrado que este sistema acorta el tiempo de adaptación y aprendizaje de los nuevos empleados y que se consigue una pronta integración.

- Si no lo organiza el departamento de Recursos Humanos, te aconsejo que le dediques tú el tiempo necesario para explicárselo en su primer día. Así estará perfectamente informado desde un principio, conocerá la política del Hotel, sabrá quién es quién en el organigrama de la empresa, se enterará de cuáles van a ser sus funciones y su relación con los demás empleados... Diseña un programa de onboarding, para ayudarle en su integración. (ver «Tips»).

- También es importante que conozca bien el Hotel físicamente, para poder informar correctamente a los Huéspedes y para que sepa cuáles son las áreas de servicio para el personal. Permítele que deambule por los pasillos, las habitaciones, las zonas comunes y las zonas privadas, para que pueda ubicar todas las dependencias del Hotel.

- Ten en cuenta la diversidad de personalidad entre todos los integrantes y promueve los beneficios de la complementariedad.

- Identifica desde un principio cualquier indicio de posible futuro acoso laboral. Te recuerdo que como responsable de la prevención de riesgos laborales de tu departamento, tu obligación es activar los mecanismos de prevención de acoso laboral y proporcionar a todo tu equipo los medios para evitarlo. La integración de un nuevo miembro en el grupo puede propiciar el mobbing (ya sea él el acosador o la víctima). Vela por el bienestar de tus empleados y bajo ningún concepto lo toleres (ya sea mobbing horizontal como vertical).

- Fomenta su sentimiento de pertenencia (me encanta escucharnos decir «en mi Hotel tenemos...», aunque «solo» seamos empleados). Lo ideal es que el recién incorporado se sienta enseguida parte del grupo.

- Designa como su tutor a un Recepcionista de tu confianza. Al compartir el mismo turno durante varios días, el instructor va a poder hacer su seguimiento, ver su evolución, dándole la formación necesaria para que sepa cómo se trabaja en la empresa. Recuerda que este Recepcionista encargado de su aprendizaje ha de ser buen pedagogo.

- Haz que tu nueva recluta entienda que el trabajo va a ser retador, renuncia a hacerle un «soft landing». O sea, nada de ofrecerle un «aterrizaje suave», con poca implicación en un principio y desarrollo lento. Quizás se sienta inundado con tareas pero ha quedado demostrado que el factor número uno para la motivación del trabajador es que su trabajo sea retador; y que todos preferimos estar ocupados a estar aburridos.

- Recuerda que tu nueva recluta tiene un periodo de prueba (según el tipo de contrato pueden ser 15 días, 1 mes, 6 meses, 1 año). ¿Y eso qué significa? Que durante ese periodo, puedes dar por finalizada la relación laboral sin preaviso, sin necesidad de alegar ninguna causa y sin obligación a indemnización. No olvides que ese privilegio es bilateral, o sea que aunque tú estés satisfecho con su trabajo, puede ser que tu flamante empleado decida no seguir trabajando contigo, y no tendrá que darte ni preaviso ni explicación.

  En general, el empleado que empieza contigo procurará ser modélico durante esta etapa de su vida laboral. Tendrás que observarle para saber si su quehacer es forzado o si realmente has encontrado al mirlo blanco. Hay cosas que no se pueden disimular. La desgana, la prepotencia, el mal carácter, la falta de preparación siempre despuntan más pronto que tarde. Y, en la duda, deja que decida tu corazón.

Recuerdo que en una ocasión, elegí con prisas a un Recepcionista, más movida por la urgencia que por el propio convencimiento. Me explico: lo seleccioné no porque fuera el mejor de los candidatos entrevistados en ese momento, sino porque era el menos malo, y porque quería una incorporación casi inmediata. Durante el periodo de prueba tuve indicios imperceptibles de que no era la persona adecuada. Así y todo, como no eran datos claros y sobre todo porque me negué a escuchar a mi sexto sentido, le di la oportunidad de seguir el contrato más allá del periodo de pruebas. A la larga, resultó ser un ser sibilino, manipulador y mal compañero, dispuesto a que se culpara a otro de sus propios errores, creando un ambiente laboral insano. Lo peor de todo fue esa sensación de culpabilidad que sentía yo por no haber hecho caso a lo que me decía mi vocecita interior. Y es que todos nos podemos equivocar, a todos nos puede parecer que una persona es de una manera y después resultar de otra… Pero si desde el principio hay algo que no nos convence, mejor no elegirlo.

También me pasó lo contrario, o sea que sí, que escuché esa voz interior…

Durante el periodo de pruebas, mi nuevo empleado no pudo acudir a su puesto de trabajo, debido a un problema de salud. Me estuve planteando si realmente era la persona idónea para el puesto, dudando primero si eran problemas reales, y cuando comprobé que sí, dudando si su aparente debilidad iba a entorpecer el buen funcionamiento del departamento. Reconozco que estuve a punto de renunciar a él. Así y todo, le di una segunda oportunidad, escuchando a mi corazón (y a dos de mis Recepcionistas de confianza). Ahora, puedo afirmar que jamás me he arrepentido. Ha sido uno de los empleados más fiel y más agradecido que nunca he tenido.

c. Conoce mejor a tu equipo

No solo me refiero a detectar las necesidades del equipo, sino a conocer con mayor profundidad a cada uno de los integrantes del equipo, para crear un contacto directo, un clima de confianza, de cooperación y de colaboración, y también para fomentar el aprendizaje constante.

Propongo:

- Saber cuál es su mayor preocupación en el trabajo. Así podrás poner a su disposición un máximo de herramientas y hacerle la vida más fácil (No siempre es la que tú crees. Hace poco, hice una encuesta entre 600 Recepcionistas para saber cuál era su mayor preocupación. Y resultó que para el 56 % ¡era que no les cuadrara la caja! Lejos del 27 % que se preocupaba por sufrir un atraco o del 10 % por padecer la ira de un Cliente).

- Conocer sus cualidades y sus defectos, para aprovechar lo positivo e ir limando lo negativo.

- Averiguar cuáles son sus preferencias en el día a día. Pues a un relaciones públicas innato, le estarás castigando si lo apartas en un despacho, rellenando el libro de policía o unas estadísticas para el INE, aunque sea media hora. En cambio, para otro puede ser un alivio si lo alejas del bullicio por un momento.

- Informarse de lo que le hace realmente feliz. Cuando no puedas recompensarle económicamente, esto te será de gran ayuda para demostrar tu reconocimiento. Uno puede anhelar un fin de semana libre para estar con su familia, otro poder dormir por las mañanas, etcétera.

- Formarle personalmente gracias a tu experiencia y tus conocimientos.

- Ofrecerle formación para el trabajo, avisándole con tiempo y facilitándole tiempo y horario para que pueda seguir los cursos.

- Descubrir sus ambiciones y tener en cuenta que con el tiempo y las circunstancias pueden variar. Así, cuando se presente la oportunidad de un ascenso, o de un cambio de departamento, sabrás a quién le puede interesar y a quién no.

- Practicar la escucha activa. Parece algo sencillo, pero en la era del «multitask», solemos escuchar a la otra persona haciendo otra cosa y no le damos la impresión de estar totalmente con ella (ni lo estamos, aunque te pueda parecer lo contrario).

Sí, a lo largo de los años dejaron de ser empleados y se convirtieron en «MIS niños», «MI equipo». Todos unidos conseguíamos que las alegrías se multiplicaran y las penas se dividieran; y que el trabajo no fuera solo trabajo.

Me importaba mucho conocerles bien. Era la mejor forma de acercarme a ellos. El saber cuáles eran sus preocupaciones, sus gustos y sus ambiciones hacía el día a día más fácil, más bonito.

Pero también tuve que aprender a no comportarme como una madre demasiado protectora y egoísta. Tuve que dejar de sentir como una traición o un abandono cuando uno de «mis niños» decidía irse de mi lado, abandonar «mi» Recepción. Desistí recurrir al chantaje emocional para que se quedaran a mi lado. Empecé a considerar el hecho de que se fueran como algo gratificante: les había enseñado a tener la suficiente confianza como para poder volar solos. Si ya no se sentían realizados en su trabajo, si querían optar por un ascenso y no había posibilidad en el departamento ¿qué mayor satisfacción que verlos implantando mi forma de trabajar en otro lugar?

Sí, he aprendido que para ser un buen líder tienes que saber rodearte de gente válida, guiarles, formarles, motivarles y saber valorar su fidelidad; pero también dejarlos partir cuando ellos así lo quieren, sin acritud y deseándoles lo mejor, desde el corazón.

Ahora veo cómo mis niños han ido creciendo profesionalmente, cómo han ido instaurando mi filosofía allá donde han ido, añadiendo sus propias pinceladas, y me siento muy orgullosa de ellos.

2. ORGANIZACIÓN ANTE TODO

a. Ordenar, enfocar y planificar

Cuando hablo de ordenar, no me refiero a dar órdenes sino a tenerlo todo ordenado y organizado.

Puedes ser todo lo desorganizado que quieras en tu vida privada (yo lo era), pero en tu puesto de trabajo, te recomiendo aplicarte el lema «Organización ante todo». Porque siendo metódico y ordenado, consigues mayor eficiencia y concreción.

- Ordena y organiza tanto los archivos físicos como los digitales. Ganarás tiempo cuando tengas que localizar algún documento. Y, en tu ausencia, este orden facilitará y agilizará el trabajo de tus compañeros o de tus superiores.

  Cuando no le daba importancia al orden, mis compañeros eran incapaces de localizar un contrato de T. O., una respuesta a un Cliente, o un expediente específico y a veces me llamaban desesperados para que les dijera donde se encontraban, ya estuviera yo descansando después de una larga jornada de trabajo, librando o de vacaciones.

- Prioriza las tareas. Detéctalas y clasifícalas según su urgencia e importancia.
  - ✓ Haz YA las «importantes y urgentes».
  - ✓ Planifica las «importantes no urgentes».
  - ✓ Delega las «no importantes y urgentes».
  - ✓ Y deja para lo último (o ignora) las «no importantes y no urgentes».

  Al principio, abandonaba cualquier tarea que estuviera haciendo cuando alguien preguntaba por mí (ya fuera Huésped, compañero o proveedor), sin saber si se solicitaba mi presencia por algo realmente acuciante o no. Poco a poco me di cuenta que no todo lo concerniente a los demás era sistemáticamente «urgente e importante» y empecé a valorar cada situación para saber cuál era prioritaria para el buen funcionamiento del departamento, cuál podía ser asumida por otra persona y cuál podía esperar. De esta forma, no solo conseguí rebajar mi estrés sino también mi horario laboral.

- Planifica tus tareas y coordina tu trabajo con el de los Recepcionistas. Con esta organización consigues tener un plano mental claro y estructurado. Te permite trabajar de forma más eficaz y eficiente, e incluso puedes improvisar con tranquilidad cuando surja una inesperada contrariedad.

Me doy cuenta que antes trabajaba más horas de las realmente necesarias, y muchas veces era por falta de organización. Es cierto que en nuestra profesión hay que adaptarse a las circunstancias. Pero ahora, hasta lo imprevisible lo tengo planificado para no tener que quedarme dos o tres horas más a diario. Pues lo inesperado es pan nuestro de cada día; es más, basta decir «hoy parece que va a ser un día tranquilo», para que surja un grave problema informático, o que tengamos unas llegadas imprevistas con el Hotel totalmente ocupado, o que una tubería se rompa e inunde una planta, o que le dé un ataque epiléptico a un Cliente, o un Recepcionista se indisponga...

- Prepara un manual con las funciones y tareas de tu equipo. Te aconsejo mencionar también la flexibilidad para que nadie se niegue a hacer algo que no se haya expuesto en el manual porque considere que no entra dentro de sus funciones.

Recuerdo que un estudiante en prácticas se quejó por tener que vender periódicos o entregar toallas de la piscina. En lugar de aprovechar estas tareas para ir conociendo mejor a los Huéspedes, igual que lo hacían los Recepcionistas, él lo consideraba como algo denigrante e indigno de la profesión, justificándose al no aparecer en las funciones del Recepcionista.

b. *Organización y beneficios para el equipo*

La organización y el enfoque no solo son provechosos para ti, también lo son para tu equipo. Al dejarles claros los objetivos perseguidos y además seguir una metodología concreta, consigues guiar inteligiblemente a tus colaboradores. Por eso:

- Recuérdales la importancia de archivar correctamente.

Los créditos de los demás departamentos, firmados por los Clientes, llegaban a Recepción a diario y eran numerosos. Si un Cliente a la hora de pagar rechazaba un crédito y argumentaba que no era suyo, solo se podía comprobar si el recibo estaba archivado en el lugar correcto. Hasta que no expliqué la importancia de hacerlo con sumo cuidado a los botones, ellos veían esa tarea como algo rutinario e inútil, y no le prestaban la debida atención.

- Ten a mano el manual con todas las funciones y tareas claramente especificadas de tu equipo, para estudio y consulta de todos los recién llegados. Este manual no es definitivo, tienes que poder adaptarlo o corregirlo cuando surjan cambios. Si lo haces demasiado genérico para no tener que modificarlo, no les estarás dando directrices claras de lo que se espera de cada uno.

- Define un criterio único que todos puedan seguir en un momento de duda. Este criterio varía según la política de empresa. Puede ser desde «hay que hacer todo lo posible para que el Huésped se sienta satisfecho pero sin perder de vista que es un Cliente» hasta «si no está satisfecho, que se vaya», pasando por «pase lo que pase y cueste lo que cueste, el Huésped siempre lleva la razón».

- Dales libertad para actuar, haciéndoles saber cuáles son los límites.

    Hace tiempo, un Cliente de mostrador mal intencionado se fue del Hotel sin pagar la considerable factura de extras que debía. La tarjeta de crédito que había dejado de garantía el día de llegada no tenía fondos suficientes para cubrir todos sus gastos. El Recepcionista confesó que el Cliente le había dado mala espina pero que había aceptado alojarle, tomando todas las medidas para evitar lo que finalmente sí ocurrió. Había pensado que un Cliente era un Cliente y que no debía fiarse de su instinto (seguramente, el origen de esta intuición fue el recuerdo inconsciente de una situación similar en otra ocasión). Por no darle prioridad a esta corazonada, tuvimos que lamentar una pérdida de tiempo (denuncia en la policía) y de dinero. A partir de esa experiencia, autoricé (con el consentimiento del Director) a los Recepcionistas experimentados a decidir aceptar o no a un «walk in» (un Cliente de mostrador, sin reserva) confiando en su profesionalidad, en su experiencia y en su intuición.

- Organízales el trabajo con plantillas diseñadas (checking lists), facilítales la tarea con tecnología (lector de pasaporte y DNI), con aparatos auxiliares (detector de billetes falsos, contador y clasificador de monedas, contadora de billetes) y con el material necesario. Esto último parece un detalle nimio y sin importancia, pero el no tener un stock suficiente de material de oficina en la Recepción, puede llegar a generar un estrés innecesario. Nada más engorroso que quedarse sin papel de impresora, de fotocopiadora o de TPV con unos cuantos Clientes esperando para hacer el check-out; o estar sin bolígrafos para que los Huéspedes recién llegados firmen la ficha de policía, por ejemplo.

    ¿Qué ocurre con los bolígrafos? Es un misterio sin resolver, desaparecen de la Recepción sin dejar rastro… Durante una temporada, uno de mis superiores

impuso que cada Recepcionista llevara un bolígrafo atado a una cuerda y colgado del cuello para así controlarlo en todo momento; cada uno de un color distinto. Se dio cuenta que no solo dábamos una imagen poco profesional con nuestros bolígrafos colgando, sino que estábamos más pendientes de no perder nuestro bolígrafo que de atender correctamente a los Clientes. Al final, volvimos a tener bolígrafos en los portalápices.

c. Reuniones provechosas

Unas reuniones de trabajo bien organizadas, bien planificadas y bien estructuradas refuerzan el ambiente de equipo y hacen que todos se sientan más involucrados.

Para alejarnos del tópico «las reuniones no sirven para nada, son aburridas y no conducen a nada», su organización es primordial.

Una reunión tiene que ser efectiva, o sea, eficaz, ágil y fructífera; de lo contrario, es cierto, es una pérdida de tiempo para todos.

Aquí te dejo una hoja de ruta para conseguir unas reuniones productivas:

Antes:

- Asegúrate de que la reunión es necesaria (analiza el propósito y la oportunidad del momento).

- Define el tipo de reunión que vas a tener, según sus objetivos y su finalidad.
    - ✓ De información (para hacer partícipe al departamento de cualquier novedad, informarle de un proyecto, para cortar o desmentir rumores...).
    - ✓ De planificación y organización (para evaluar los resultados obtenidos y formular y planificar futuros objetivos.).
    - ✓ De control y gestión (para compartir datos de las encuestas de los Clientes, compartir revisiones y controles internos del departamento, aclarar dudas...).
    - ✓ De participación o negociación (para analizar una situación problemática e intentar resolverla entre todos).
    - ✓ Consultiva (para tomar el pulso del departamento, conocer sus reacciones ante un cambio, una situación adversa, recoger información, conocer cuáles son sus preocupaciones del momento...).

- Decide el lugar, fecha y hora de inicio y duración.

- Fija su periodicidad.

- Define los asistentes sin olvidar quién se va a quedar al cargo de la Recepción durante la reunión.

- Prepara e informa a tu equipo del tema que se va a tratar para que ellos también lleguen preparados.

Durante:

- Sé puntual y pide puntualidad (aunque no siempre sea posible, teniendo en cuenta todos los imponderables del trabajo de cara al público).

- No olvides en ningún momento que tú diriges la reunión.

- Consigue que todos participen (a veces es necesario establecer turnos de palabra).

- No permitas que nadie descarte una idea, o se burle de ella (por muy descabellada que sea). Pues de una idea aparentemente absurda en una lluvia de ideas, se puede llegar a una gran idea.

- No dejes que nadie se salga del programa, del tema de la reunión. Si aflora otro tema interesante, se guarda para una reunión posterior.

- Si surgen conversaciones entre varios participantes sin que hagan partícipes a los demás o ignorando lo que está diciendo otra persona, córtalas de inmediato.

- Acepta lo que te digan los componentes del grupo, pero sin olvidarte de tu rol de facilitador en la reunión, ni de tu puesto de líder y responsable del departamento.

- Para cerrar la reunión, recapitula lo acordado, genera feedback y sobre todo, agradece el trabajo en equipo.

Después:

- Haz un resumen por escrito de la reunión, con los puntos tratados, los acuerdos alcanzados, las responsabilidades asumidas y asignadas, y los plazos establecidos (si los hubiera).

  Esta recapitulación le servirá de recordatorio a los participantes, y de información a los que no han podido asistir a la reunión.

Recuerdo cómo, en unas reuniones periódicas con otros colegas, uno de ellos se iba invariablemente después de su turno de palabra, argumentando siempre una urgencia. Daba la impresión de que no le interesaba nada lo que los demás tuviéramos que comentar, y solo importaba lo que él tenía que decir. Después de que ocurriera cinco o seis veces seguidas, el moderador optó por darle el turno de palabra en último lugar.

3. LIDERAZGO CON CABEZA

a. Jefe no, líder

Si has decidido comportarte como un líder, no como un Jefe, estas son las claves:

- Guía dando ejemplo en lugar de mandar. De esta forma, consigues el respeto y la implicación voluntaria de todo tu equipo.

  Hace 30 años, estaba convencida de que ser Jefe era mandar sobre un equipo, imponer ante todo su autoridad. El Jefe, en aquel entonces, iba laureado de poder, de una seguridad en sí mismo que yo no tenía. Sentía que me faltaban algunas cualidades para poder ejercer de forma impecable mi cargo, porque por mi forma de ser, no era de esas personas que imponen el «ordeno y mando». Así y todo, acepté el puesto de Jefe de Recepción como un reto, una forma de demostrarme a mí misma y a los demás, que yo sí valía para ello, y que podía estar a la cabeza del equipo de Recepción, porque tenía la preparación y los valores necesarios para hacerlo. Y ahora me doy cuenta, en lugar de convertirme en Jefe, me volví líder.

- Instala un clima de confianza en lugar de miedo. Comunicándote de forma natural y efectiva, vas creando un buen ambiente de trabajo.

Recuerdo con ternura las caras de susto (incluso a veces de terror) de los nuevos Recepcionistas cuando cometían algún error y ellos todavía no me conocían.

- Busca soluciones en lugar de buscar culpables, sé un buen educador. Ponle fin a la cultura de la culpa, así eliminas actitudes defensivas, fomentas la honradez y el aprendizaje. Conseguirás que cada uno vaya aprendiendo de sus errores y mejorando y, además, que dé lo mejor de sí mismo en cada momento.

En un principio, mis «niños» se escudaban detrás del «ha sido culpa del ordenador» o «yo no he hecho nada», hasta que entendieron que yo solo necesitaba saber qué había ocurrido para poder solucionar un problema, no para buscar un culpable. Cuando por fin lo comprendían, intentaban recordar todos los pasos que habían dado para poder entender dónde estaba el fallo.

- Siente que trabajas con colaboradores, no con empleados. Ten empatía. Confía en el potencial de cada uno. Así, no solo optimizas la fortaleza del equipo sino que consigues que todos se sientan integrados.

- Siempre que puedas, explica tus decisiones a tu equipo. Escúchalos. Corrige y redefine las estrategias si es necesario para alcanzar las metas. Corrigiendo no demuestras debilidad, demuestras adaptabilidad.

- Actúa siempre por el bien del equipo. Olvida tu egocentrismo y asume que eres responsable de un grupo y de su bienestar.

Y:

- No peques de humilde y no creas que un poco de automarketing es condenable.

Durante un tiempo, por exceso de humildad (y de timidez), paralicé yo sola mi propia progresión personal y profesional. Varias veces rechacé salir en reportajes, ya fuera en los periódicos, en la radio o en la televisión, huyendo del protagonismo.

- No seas perfeccionista en cosas sin importancia.

Un día, en un descuadre de unos céntimos en una cuenta contable, estuve horas buscando dónde estaba el error. Hasta el Jefe de Contabilidad llegó a insistir para que no perdiera más tiempo en ello, dándome mil explicaciones de lo que podría ser (suma de muchos redondeos, etc.) pero hasta que no encontré yo misma la razón, no paré. Ahora me doy cuenta de que fue una pérdida de tiempo y energía innecesaria.

- No impongas a tu equipo una norma simplemente porque así lo han decidido tus superiores, aunque te parezca obsoleta o impropia. Si piensas que no es adecuada, aprende a objetar ante tus Jefes, haciéndolo siempre con diplomacia y argumentos.

Yo seguía un patrón que tenía desde niña, pues me enseñaron a obedecer, sin cuestionar la autoridad. Poco a poco, me di cuenta de que esta actitud no era beneficiosa para nadie y empecé a rebatir unas disposiciones cuando me parecían injustas o desacertadas para mi equipo, aportando siempre otras alternativas.

- No te sientas culpable cuando alguien de tu equipo se equivoque.

Si alguien de mi equipo cometía un error, lo sentía como propio. No solo buscaba la solución para enmendar la equivocación, sino también me flagelaba durante horas, convencida de que había ocurrido porque yo no había hecho bien mi labor como encargada del equipo. Confundía el sentido de la responsabilidad con el de la culpa.

b. Gestión y dirección

Ser líder también es saber gestionar y saber dirigir eficazmente la atención colectiva. Es saber guiar a los tuyos en la dirección correcta; es enseñarles los pasos a seguir y encarrilarles por el camino pertinente si se van desviando.

Para ello:

- Fija objetivos SMART (ver «Tips»). Pues no es suficiente decretar «tenemos que mejorar el grado de satisfacción de los Clientes» o «hay que vender más». Es importante marcar metas que sean medibles en el tiempo, para poder evaluar los logros. O sea: «en un mes tenemos que mejorar el índice de satisfacción de los Clientes de un 5 %» o «la venta cruzada tiene que aumentar 1 000 € en el plazo de dos semanas», por ejemplo.

Sé que en algunos momentos, no fui lo suficientemente específica en los objetivos a alcanzar. Al no concretar resultados medibles ni fijar plazos, tenía que hacer auténticos esfuerzos para evitar que mi equipo cayera en la rutina, cuando no en la desidia.

- Organiza la estrategia a seguir para el cumplimiento de los objetivos. Pero haz prueba de autocrítica y adaptabilidad a los cambios para ser capaz, si ves que no estás consiguiendo los logros marcados, de corregir y redefinir la estrategia.

- Comunícate de forma explícita para que no existan equívocos.

   Reconozco que tuve que superar mi timidez para conseguir una comunicación clara. Menos mal, consciente de mi posición y responsabilidad, y teniendo los conocimientos suficientes, aprendí a dar instrucciones precisas y concisas.

- Crea un clima de confianza para facilitar la comunicación bilateral. Así es más sencillo conseguir feedback, y asegurarte que tus directrices han sido entendidas.

   Antes me conformaba con preguntarle a mi interlocutor si había entendido lo que acababa de decir, sin asegurarme si mis instrucciones habían sido realmente comprendidas ni como habían sido interpretadas. Hasta que me di cuenta de que algunas personas contestan afirmativamente pero por miedo a reconocer que no ha sido así, y después le preguntan al compañero, o simplemente porque piensan haberlo entendido pero no lo han interpretado como tú pensabas que lo iban a hacer.

- Proporciona herramientas sencillas para agilizar el trabajo.

   Siempre intenté facilitarle la labor a mi equipo, diseñé herramientas específicas para mi Recepción, para aligerar su trabajo como por ejemplo unas listas (checking lists) donde no tenían que escribir, solo rellenar con una cruz las tareas hechas, con unos cuadrantes de caja, una lista para controlar el stock de papelería…

- Pon límites claros y sé firme si los sobrepasan.

   Hace tiempo, sorprendí a una Recepcionista en una mentira en el ámbito personal y profesional. Solicitó el permiso de 15 días para casarse, en una fecha complicada para la Recepción. A la vuelta, nos contó a todos cómo había sido la boda y su viaje de novios. Más adelante, me enteré por casualidades de la vida, que no se había casado en esa fecha. Le pedí una copia del libro de familia, dándole así una oportunidad para contarme la verdad. No lo hizo, y presentó una copia con una fecha falsificada. Cuando le pedí que trajera el libro de familia original, ya se sinceró conmigo.

   Entendió que con esa forma de actuar, primero mintiéndome y después falsificando la copia de un documento oficial, había hecho que yo perdiera totalmente la confianza en ella y en todo lo que me pudiera decir. Yo quería un equipo honrado, digno de confianza y lo había remarcado en la entrevista de trabajo, cuando fue seleccionada entre otros candidatos. No siguió conmigo, claro.

c. Control

Para el buen funcionamiento de tu departamento, tienes que estar seguro de que todo se hace siguiendo la estrategia marcada, que se está consiguiendo alcanzar los objetivos marcados y que tu equipo brinda un servicio excepcional al Cliente, estés presente o no. Es decir, debes llevar un control. Para ello:

- Controla el trabajo a través de la supervisión, de las reuniones, de los chequeos e incluso de arqueos aleatorios de caja. Haz unos registros fáciles de rellenar por tu equipo y sencillos para que tú puedas hacer las comprobaciones oportunas.

Llevábamos meses con descuadres en las cajas, siempre negativos. O sea, faltaba dinero. No eran importantes, pero al final de mes, sí se notaba; y nos tocaba pagar el faltante entre todos. Como ya comenté anteriormente, el descuadre de cajas es un problema que preocupa mucho a los Recepcionistas, y además que va creando un ambiente de desconfianza. Tuve que hacer una labor digna de Sherlock Holmes, comprobando los turnos y los descuadres de caja. Primero me fijé en quiénes estaban cuando faltaba dinero pero no llegué a ninguna conclusión satisfactoria. Parecía que todo el equipo estaba involucrado. Entonces cambié de criterio y empecé a chequear quiénes estaban cuando no faltaba dinero. Me di cuenta de que las cajas cuadraban los días durante los cuales una persona en concreto libraba o estaba de vacaciones. En aquel entonces no teníamos cámaras de vigilancia para poder corroborar mis sospechas. Vigilé más de cerca los cambios de turno, hice arqueos sorpresas y las cajas empezaron a cuadrar. Cuando finalizó su contrato, no se lo renové.

- Pon atención en las conversaciones aparentemente anodinas para que no degeneren; y si es necesario, corta de raíz los rumores. A veces solo requiere una atención especial en momentos determinados, otras, una escucha más activa.

Me gusta crear un ambiente relajado, donde todos hablen libremente e incluso a veces me hacen partícipe de su conversación. Me llega mejor la información y puedo intervenir si es necesario.

- Recurre a la figura del «mystery guest» (el Huésped misterioso) para controlar la calidad de atención al Cliente. Se trata de un Cliente «espía». Los hay profesionales, pero si tu empresa no quiere o no puede recurrir a este tipo de servicios, puedes llevar tú mismo un control gracias a amigos, familiares o Huéspedes de confianza. Por ejemplo, unas simples llamadas de teléfono por parte de un desconocido a la Recepción te permitirán saber el nivel de amabilidad y profesionalidad de tu departamento en la atención telefónica al Cliente.

En un Hotel donde trabajaba de Recepcionista, un Cliente serio y educado resultó ser unos meses después, el nuevo Director del Hotel. Había estado observándonos a todos durante dos semanas sin que sospecháramos nada.

Puedo decir con mucho orgullo que cuando accedió a su puesto, me eligió como persona de su confianza.

- Pero también, confía en tu equipo, y no te vuelvas paranoico.

Para un Jefe que conocí, el control era espiar en todo momento lo que hacíamos, incluso cuando él no estaba. Se despedía y al momento, volvía, como si hubiera olvidado algo, para intentar sorprender a alguien hablando de él. Incluso se contaba que dejaba una grabadora funcionando cuando se iba, para enterarse de todo lo que se hablaba en su ausencia. Prefiero pensar que no llegó a tanto.

4. LIDERAZGO CON CORAZÓN

a. Motivación y gratificaciones

Creo no equivocarme al afirmar que a todos nos gusta recibir reconocimiento por un trabajo bien hecho.

Sin lugar a dudas, la gratificación económica es una de las recompensas que sirve de aliciente al equipo, y en la Recepción se manifiesta con:

- un salario acorde al puesto y a las responsabilidades,

- las propinas de los Clientes,

- las comisiones por ventas de excursiones,

- la bonificación por ser elegido empleado del mes,

- los bonus por objetivos alcanzados.

Desgraciadamente, no siempre puedes gratificar económicamente a tu personal, principalmente porque no suele estar en tus manos, pero hay otras formas para demostrar tu gratitud.

- Con una buena integración en el equipo. Quiero decir que manteniendo informados a todos los componentes del equipo, percibirán que son conocedores de todo lo que ocurre y se sentirán totalmente implicados.

- Con la seguridad laboral. Siempre que puedas, hazles unos contratos largos o indefinidos, y asegúrate del pago puntual de la nómina.

- Concediéndoles autonomía: dejándoles que sean independientes, se sienten más libres y son conscientes de la confianza que les tienes. Esa autonomía debe estar dentro de unos límites claramente definidos.

- Con el reconocimiento: dando las gracias para que sientan que han hecho algo positivo.

- Con el ascenso: presentando a algún miembro de tu equipo que consideres preparado cuando surja una oportunidad de promoción dentro de la empresa.

- Teniendo en cuenta sus preferencias para que puedan alcanzar un buen equilibrio entre vida laboral y vida privada.

Cuando abrimos uno de los Hoteles en los que trabajé, tenía unos 20 años, era Recepcionista y no contaba las horas que pasaba en el Hotel. Estaba siempre dispuesta a ayudar a todo el mundo, fuera o no mi tarea. Supongo que mi juventud y mi entusiasmo tenían mucho que ver en esa dedicación, igualmente el sentirme parte integrante de un proyecto tan ilusionante. Y no esperaba nada a cambio. Un día, mis superiores me regalaron un vuelo a Ibiza para mostrarme su agradecimiento (sabían que mi mejor amiga había sido destinada a esa isla). No sé si le costó dinero a la empresa o si consiguieron una gratuidad a través de una agencia de viajes colaboradora, pero recuerdo este detalle con mucho cariño y gratitud: mis Jefes reconocían mi trabajo y mi implicación, y habían sabido demostrármelo.

También recuerdo, unos años más tarde, cuando ya era Jefa de Recepción, cómo tuvimos que ingeniárnosla para sacar el trabajo, en pleno agosto, con tres Recepcionistas menos en el equipo, con el Hotel lleno. Uno estaba de viaje, otro enfermó y otro tuvo un accidente. Aquel día, Murphy y su ley se habían instalado a sus anchas en nuestra Recepción. Reuní al equipo que me quedaba, y les expliqué cuáles eran las dos opciones que disponía: incorporar a un sustituto desconocido por un tiempo corto, o intentar que saliera bien el trabajo con el esfuerzo de todos. Decidimos que era preferible sacrificarnos todos unos días. Consideramos que una nueva incorporación iba a representar un trabajo añadido, pues íbamos a tener que enseñarle y asegurarnos de que lo que hacía, lo hacía bien. Así que hicimos un gran esfuerzo (yo la primera, para dar ejemplo). Tuvimos turnos largos e interminables durante dos semanas y terminamos agotados. Pero al final, resultó que, ante el desafío, el equipo se había hecho más fuerte y más unido.

A raíz de esta pequeña aventura, reuní a mis colaboradores para explicarles mi idea: Si habíamos sido capaces de sacar el trabajo entre todos, por causa de fuerza mayor; también podríamos hacerlo, en momentos puntuales, para la alegría y disfrute de algún miembro del equipo. A todos les pareció buena idea, y fue como conseguí otra manera de recompensar a «mis niños» por el trabajo bien hecho, permitiéndoles librar en momentos claves para ellos, a pesar de que, a priori, no fuera el mejor momento para dar descanso a nadie.

b. Flexibilidad

Sí, preconizo que tenemos que dar lo mejor de nosotros mismos en cada momento, pero ahora añado que también debemos ser flexibles y tolerantes. Sé que puede parecer una contradicción. Pero tenemos que ser conscientes que la «areté», la excelencia, no siempre es la misma. No puedes pretender llegar a la perfección absoluta siempre, pues existen demasiados imponderables en nuestra profesión para conseguirla. No solo se trata de que tú no falles, se trata también de que tu equipo no falle, pase lo que pase. Y por muy perfeccionista que seas, por tu propio bien y el de tu equipo, tienes que mentalizarte que no siempre podrá ser.

Cierto es que cuando eres responsable del departamento, no sé si por inercia, por responsabilidad o por perfeccionismo, a menudo te vas fijando solo en lo que está mal, intentando mejorarlo todo; y a veces, olvidando las circunstancias.

Antes de reconducir el proceso, antes de llamar la atención a tu equipo, tienes que valorar si tu intervención es realmente necesaria o si solo vas a provocar decaimiento y desmoralización.

Considera primero si ha sido una falta de profesionalidad grave o si se ha omitido algo importante, prioritario. Si no es el caso, y existen «circunstancias atenuantes», mira hacia otro lado. No seas intransigente e inflexible. Cuando todo vuelva a su normalidad, comprueba que el fallo ha sido subsanado, y si no, ya puedes intervenir.

Quiero añadir que esta flexibilidad también es esencial a la hora de negociar; ya sea con un Cliente, con tus superiores, con tus compañeros o con tu equipo. Pues si quieres llegar a un acuerdo satisfactorio para las dos partes, debes conseguir adaptarte y no ser intransigente.

Tengo grabado en la memoria, un hecho que ocurrió cuando solo llevaba un par de meses dedicándome a esta profesión. Mi compañera y yo llevábamos horas trabajando sin parar, casi sin poder respirar, recibiendo una llegada masiva de turistas, atendiendo al mismo tiempo a los Clientes ya alojados, cambiando divisa, contestando al teléfono, vendiendo tabaco... Y justo cuando se despejó el mostrador, apareció como por milagro el Jefe de Recepción (no sé cómo lo hacía pero nunca estaba presente en los momentos claves, o eso nos parecía).

No solo no nos había echado una mano ni nos felicitó por todo lo que acabábamos de hacer, sino que ¡nos cayó una bronca monumental porque un paquete de tabaco estaba al revés en la vitrina! Nos pareció una reprimenda totalmente injusta e innecesaria. Estoy convencida de que estábamos las dos rojas carmesí, como recién finalizada una maratón, después de haber querido atender lo mejor y más rápido posible a todos los Clientes, pero no fue capaz de ver que en aquel momento habíamos dado lo mejor de nosotras. Solo quería que todo fuera perfecto.

Por otro lado, cuando ya era Jefa, le comenté un día a mi superior un hecho que me llamó la atención. Me pareció extraño que no se hubiera percatado de un incidente, algo que me parecía que no estaba bien hecho por parte de otro departamento. Me contestó: «Hay veces que es mejor mirar hacia otro lado, simplemente porque no es el momento para recriminar. —Y añadió—: Ahora mismo no puedo exigir más a un personal que está dando lo mejor de sí para sacar más trabajo del que le corresponde. Cuando todo se tranquilice, le daré un toque de atención».

Aquel día, el Director del Hotel me enseñó que el saber mirar hacia otro lado no es signo de debilidad, sino en muchos casos, es toda una virtud. Y llegué a la conclusión de que por ser inflexible y perfeccionista en todo momento, no se es mejor líder.

c. *Predicar con el ejemplo y delegar*

Conseguirás una mayor implicación voluntaria de tu equipo cuando prediques con el ejemplo. Por esta razón:

- Acepta tus errores y modifica las normas cuando veas que no son útiles o ya están desfasadas.

- Adáptate a las circunstancias y asume riesgos controlados.

- Haz prueba de creatividad.

- Reconoce el mérito ajeno.

- Demuestra aprecio y respeto tanto a tus compañeros como a tus Huéspedes.

- Evita enfrentamientos pero soluciona los conflictos.

- Guíales con tus actos.

- No esquives tus responsabilidades.

- Además de predicar con el ejemplo, no pretendas hacerlo todo y aprende a delegar para evitar llegar a un estrés insoportable (o burnout).
  Es más, para que todo el equipo avance, es necesario que cedas algunas responsabilidades. Si tienes colaboradores de confianza y les explicas bien cómo hacerlo, verás que todo sale como si lo hubieras hecho tú, a veces incluso mejor. Pero delegar no significa abandonar y olvidarte de dicha tarea, es importante que sigas haciéndole el seguimiento.

  He tenido varios superiores, con competencias y personalidades distintas, y he aprendido mucho de ellos, incluso cuando me parecía que tenían conductas equivocadas.
  Uno hablaba de forma despectiva de los Clientes (cuando no estaban) e intentaba no recibirlos. Sinceramente, me molestaba y temía que esa falta de respeto destiñera en mis Recepcionistas cuando atendieran a los Huéspedes.
  Otro responsable que tuve no rehuía los problemas pero no era nada resolutivo. Al final, nos daba la impresión de que no nos ayudaba nada cuando intervenía. Es

más, después de que hablara con los Clientes, estos nos preguntaban: « ¿Y ahora qué?».

Otro se apropiaba de tu idea, y la presentaba como si fuera suya.

También tuve superiores que reconocían el mérito de sus empleados, que no rehuían sus responsabilidades, y que sabían adaptarse a las circunstancias. Durante una inundación en el Hotel, presencié cómo el Director fue el primero en mojarse los zapatos para achicar agua y, cómo, al verlo actuar, el resto del personal le siguió enseguida, sin que él lo pidiera.

Por mi parte, una mañana en la que yo era responsable del Hotel, me avisaron de que había sangre por todo el pasillo hasta llegar a una habitación. La camarera de piso había tocado varias veces a la puerta de dicha habitación pero nadie contestaba y ella no se atrevía a entrar. En ese momento, mi sentido de la responsabilidad fue mayor que mi fobia a la sangre y decidí ir a ver en persona que ocurría. Cuando abrí la puerta de la habitación, había un espectáculo dantesco: una mujer acostada virada hacia el ventanal y sangre, mucha sangre por toda la habitación, y en el cuarto de baño, las toallas ya no eran blancas sino rojas. Decidí acercarme para comprobar cómo estaba la Huésped, pues ni contestaba ni se movía... Yo ya estaba convencida de que estaría fría como el hielo. Reconozco que respiré aliviada cuando comprobé que nuestra clienta estaba calentita, y seguía viva, aunque sin reacción ninguna. Al no conseguir despertarla, llamé a emergencias. Enseguida llegaron los policías, también se alarmaron al ver tanta sangre. Comprobé entonces que no era una exagerada y no había magnificado lo terrible de la escena. Acto seguido llegó la ambulancia, el médico tampoco consiguió reanimarla y se la llevaron sin demora. Por supuesto nos aseguramos de que los demás Huéspedes estaban bien.

Horas más tarde y después de que en el hospital, consiguieran que la clienta recuperara la consciencia, supe que había tenido una reyerta fuera del Hotel. Bajo los efectos del alcohol (y alguna sustancia añadida), había llegado hasta su habitación, desangrándose por el camino. Ella no recordaba mucho más. Estuvo varios días hospitalizada y desde allí se volvió a su país.

De ese episodio, además del susto, recuerdo con mucho cariño la atenta presencia de mi botones, que me siguió sin yo pedírselo, listo para actuar o para ayudarme, en caso necesario.

5. LA PREVENCIÓN EN LA SEGURIDAD Y EN LOS RIESGOS LABORALES

a. Prevención de estafas, fraudes y atracos

Es obvio que al estar en contacto directo con el dinero y con el público, existen más riesgos que si trabajáramos en una oficina, manejando exclusivamente papeles.

- Pueden surgir errores al cobrar o pagar facturas. Pero estos errores están cubiertos por parte de la empresa, como prevención, con el quebranto de moneda. Se trata de un complemento extrasalarial que la empresa aporta al trabajador mensualmente, como compensación económica para cubrir errores derivados de la manipulación del dinero.

- Pero también nos enfrentamos a posibles estafas y fraudes. A continuación te relaciono varias formas de prevenirlos:
  —Comprobando la tarjeta de crédito física, a la llegada de los Clientes, cuando la reserva sea de internet. Pues un fraude corriente es que los Clientes abonen su futura estancia por la web con los datos robados de una tarjeta, pasen sus vacaciones en el Hotel, se vayan y posteriormente el banco anule las operaciones (o sea, el cobro) ya que estos Clientes no son titulares de las tarjetas con las que pagaron.
  —Solicitando los datos de la tarjeta de crédito a la entrada del Cliente o un depósito como fianza para cubrir los futuros gastos extras.
  —Controlando que las facturas no superen cierto límite. Gracias a las nuevas tecnologías, cuando una factura sobrepasa cierto importe (determinado previamente), estamos avisados de inmediato. Solo queda contactar al Cliente para que haga efectivo el pago, aunque no haya llegado el final de su estancia.

  En estos casos, muchas veces, nos toca escuchar las frases más oídas en las recepciones: «He viajado por todo el mundo y es la primera vez que...» o «¿Qué pasa, no se fía de mí?». Hace falta mucho tacto y diplomacia para que el Huésped no se moleste; pero recordemos que no deja de ser un Cliente, y que tenemos que prevenir que se vaya sin pagar.

- Pero más temible todavía es el atraco.
  - —Como medida preventiva y disuasoria, lo ideal es que el Hotel cuente con un buen servicio de seguridad (acceso controlado desde la Recepción, cámaras de vigilancia y vigilantes).
  - —Además, nunca está de más recordarle a tu equipo que no se quieren héroes, que no se jueguen la vida en caso de atraco.

Conocí a un mozo de equipaje que fue ascendiendo y se convirtió primero en un buen Recepcionista y más tarde en Jefe de Reservas, en otro Hotel. Por circunstancias personales y una excedencia, quizás mal gestionada, se fue a trabajar de Recepcionista de noche a otro establecimiento, hasta poder volver a su puesto de Jefe de Reservas. Una noche, durante su turno, atracaron a mano armada la Recepción. Desgraciadamente, él no se dejó amedrentar por los asaltantes. En un forcejeo, se disparó el arma del atracador y le hirió. Salvó la vida, pero quedó postrado para siempre en una silla de ruedas.

Recuerdo cómo vino personalmente el Director general de nuestra cadena para decirme que le recordara a todo mi personal que la empresa no quería héroes y que no se arriesgaran si había un atraco.

b. Prevención de robos de artículos personalizados

Aunque en principio no parezca un problema directamente ligado a la Recepción, la prevención de los robos de artículos personalizados en las habitaciones recae muchas veces en nuestro departamento, convirtiéndose en una tarea añadida.

Muchos robos propios de los Hoteles, más que robos son hurtos picarescos cometidos por los Huéspedes, con intención de llevarse un «souvenir» de sus vacaciones. Varía desde las toallas de las habitaciones pasando por los albornoces, bolígrafos, bombillas, y en ocasiones, hasta las pilas de los mandos a distancia. Un estudio revelaba hace poco, que 7 de cada 10 turistas reconocía haberse llevado algún objeto de la habitación del Hotel.

Para evitar estos hurtos, existen varias medidas:

- Proceder a un control de la habitación por parte de la camarera nada más salir de la habitación los Clientes. Si detecta que falta algo, avisa de inmediato a la Recepción para que intercepte al Cliente y compruebe el equipaje.

El Hotel llevaba poco tiempo abierto y la logística interna estaba todavía en sus inicios. Esa mañana, me llamó una camarera de piso diciéndome que los Clientes de la 530 se habían llevado las toallas de la habitación. Ya habían hecho el check-out pero quise averiguar si todavía estaban por el lobby. Era un día de muchas salidas y el hall estaba repleto de Clientes y equipaje. Finalmente, los localicé y con todo el tacto posible, les comenté el asunto. Me lo negaron y se ofrecieron a abrir su maleta para que pudiera comprobarlo yo misma. Solo había ropa y regalos. No sé quién se sintió más avergonzado, si ellos o yo… Quizás tenían más maletas, y en ellas las toallas, o realmente fue un malentendido, pues andábamos muy justos de lencería, y podía ser que un valet hubiera pasado por la habitación antes de que lo hiciera la camarera, recogiendo las toallas sucias para enviarlas urgentemente a la lavandería.

Hoy en día, gracias a las compañías aéreas low cost y a la restricción de peso del equipaje en los vuelos, los hurtos de toallas han disminuido notablemente.

- Algunas empresas optan por poner en venta estos artículos personalizados, casi a precios de costo, en la Recepción del Hotel.

- Otras recurren a la tecnología e incorporan unos chips en sus toallas, sábanas y albornoces. Ubican detectores en los ascensores, en los pasillos o en las puertas, y así tienen un sistema de alarma antirrobo. Como muchos Hoteles no cuentan con un departamento de seguridad, le toca a la Recepción cubrir esa función con el controlador de acceso o, en su ausencia, con un mozo de equipajes.

- Otras eligen no bordar las toallas con su logo, pues sin el sello, son unas toallas comunes y dejan de ser tan atractivas para los coleccionistas.

- Otros Hoteles han decidido no luchar contra este mal casi endémico, y dedican parte del presupuesto de publicidad a la reposición de los objetos personalizados que se llevan los Clientes. Consideran que después de todo y de forma indirecta, es una forma de promocionar el Hotel en el exterior.

c. Prevención de Riesgos Laborales

Antes, uno podía pensar que los riesgos en una Recepción eran prácticamente inexistentes, a pesar de que eran numerosos. Ahora, con la aparición del COVID19, somos más conscientes de los peligros y si antes era imprescindible la prevención, ahora resulta ser de vital importancia.

La formación en Prevención de Riesgos Laborales es obligatoria por ley, desde la contratación del empleado, independientemente de la duración o del tipo de contrato. La PRRLL no sirve solamente para cumplir con la ley, ni se resume a rellenar un manual para cubrir expediente, su finalidad es velar sobre el bienestar de todos los componentes del equipo. Como responsable de tu departamento, una de tus misiones es asegurarte que el puesto de trabajo de tus compañeros (y el tuyo) sea un lugar seguro.

A continuación, te enumero los distintos tipos de riesgos existentes en Recepción, antes del coronavirus:

- Riesgos ligados a las condiciones de seguridad: riesgo eléctrico, riesgo de caídas por culpa de unos cables, de obstáculos en la zona de paso...

  Un día, uno de los chicos de prácticas tropezó con una caja de folios que un compañero no había recogido del suelo y al caer, chocó con una esquina de la mesa de la impresora. Terminó con unos puntos de sutura en la cara.

- Riesgos ligados a los equipos de trabajo: caída de objetos, estabilidad de las estanterías, sillas giratorias...

  Antes de que existiera la ley de PRRLL, más de una vez terminé en el suelo, al moverme rápidamente detrás de la mesa de mi despacho para coger un archivo y volcárseme la silla. Por suerte, sin mayor consecuencia que la vergüenza que sentí. Al sustituirla por una con ruedas de diseño antivuelco, tal y como lo exige la ley de PRRLL, ya no me volvió a ocurrir.

- Riesgos relacionados por el medio ambiente laboral: ruidos, iluminación, temperatura...

  Un verano muy caluroso tuvimos un fallo en el sistema de aire acondicionado de la Recepción. Al ver el malestar de los Recepcionistas, algunos empapados en sudor, y antes de que les diera un golpe de calor, decidimos modificar la uniformidad. Dejaron de tener que llevar chaqueta y estuvieron en manga de camisa hasta que se solucionó el problema.

- Riesgos asociados a la ergonomía: malas posturas, trastornos circulatorios...

  Hace más de 30 años, un Recepcionista tenía que estar de pie durante sus ocho horas de trabajo, mostrando así su respeto hacia el Cliente y su entera disponibilidad. Y si se sentaba un momento, si veía que se acercaba alguien se levantaba como un resorte. Los tiempos han ido cambiando y con la implantación de la seguridad en el trabajo, ya no deben estar tanto tiempo de pie. En algunos Hoteles, ya ni se levantan de la silla.

- Riesgos por factores psicosociales: carga de trabajo mental.

Es seguramente el riesgo que pasa más desapercibido pero el más peligroso en nuestra profesión. Un exceso de responsabilidades, un alto ritmo de trabajo, una organización deficiente, una mala relación entre compañeros, unos enfrentamientos continuos, pueden acarear daños como ansiedad, estrés, depresión, síndrome de Burnout... Hay formas de prevenir este riesgo: introduciendo pausas en la jornada, organizando bien el trabajo, planificando un tiempo para imprevistos, reforzando un turno cuando se prevea un alto ritmo (por ejemplo, un día con muchas llegadas o muchas salidas) y, en algunas ocasiones, apartando de las tareas cara al público al compañero que se sienta más vulnerable.

Una vez, me percaté de que uno de mis Recepcionistas más atento buscaba cualquier excusa para retirarse del mostrador, en momentos puntuales. Me extrañó su actitud y le pregunté por qué lo hacía. Primero no quiso contarme nada, pero ante mi insistencia, me explicó que prefería retirarse y evitar un enfrentamiento con un Cliente que le había hecho comentarios xenófobos a la llegada. Quise saber quién era pero no me lo dijo, solo contestó: «Estoy acostumbrado a que se me juzgue por el color de mi piel, no te preocupes. Pero no quiero entrar en el juego de la provocación, así que si se acerca al mostrador y lo puede atender otro compañero, ¡mejor!», y añadió, para quitar hierro al asunto: «Por suerte, en general los Clientes no tienen tantos prejuicios».

Y para finalizar, un riesgo que prácticamente no se tenía en cuenta antes de la pandemia:

- Riesgos por contagio: al estar atendiendo directamente al Cliente.

La prevención de contagio nunca ha estado tan presente como en tiempos de pandemia. Tratándose además de salud pública, su cumplimiento es imperativo y debe adaptarse a la legislación vigente, desde EPIS obligatorios (equipos de protección individual) como pueden ser mascarillas, a barreras físicas como mamparas para reducir la posibilidad de contagio. También se deben tomar medidas a nivel organizativo para controlar que los Clientes mantengan la distancia de seguridad.

CAPÍTULO 3. LAS RELACIONES CON EL ENTORNO

INTRODUCCIÓN

No es suficiente centrarte en los Clientes y en tu departamento; también tienes que tener puesto el foco en todo lo externo.

Para mí, el Hotel es como el cuerpo humano: la Recepción es el corazón, la Dirección es el cerebro, los demás departamentos son los otros órganos vitales y la comunicación es la sangre. Además, y siguiendo la analogía con el cuerpo, contamos con agentes externos que también influyen en nuestro bienestar, o sea, en nuestro liderazgo: los tour operadores, y demás GDS, el medio ambiente, nuestro entorno personal, nuestra vida más allá del Hotel...

Una comunicación canalizada a través de la Recepción hace que el Hotel goce de buena salud. Y si además conseguimos que el ambiente exterior nos sea favorable, todo fluirá mucho mejor.

En numerosas ocasiones, escucharás frases despectivas de algún empleado hacia la labor de otros departamentos. Recuerda a tus subordinados que para el buen funcionamiento del Hotel, es fundamental una acción concertada de TODOS los departamentos. Y que es mucho más sencillo coordinar esfuerzos cuando existe admiración (o por lo menos reconocimiento) y respeto hacia los demás y hacia su trabajo. Una vez más, deberás predicar con el ejemplo.

Algunas empresas, para generar mayor empatía entre departamentos, incentivan el «cross-training». Básicamente, se trata de un intercambio en los puestos de trabajo. Puede ser de un día para sensibilizar al trabajador sobre las problemáticas de otro departamento, o de más tiempo, para que los empleados amplíen sus competencias y roten en diversos puestos. Aunque de momento, esta iniciativa no es muy común.

En este capítulo, trataré de forma concisa las funciones de cada departamento y subdepartamentos, su conexión directa con la Recepción y de qué forma mejorar las relaciones. Quiero recalcar que cada Hotel es un mundo, y cada uno tiene una estructura propia; por lo que estos departamentos pueden variar.

También haré referencia a los vínculos con el entorno turístico, además de comentar la importancia de las relaciones fuera del marco laboral para finalmente conseguir una visión sistémica y un mayor impacto de nuestro liderazgo.

1. LOS DEPARTAMENTOS DEL HOTEL

a. Alojamiento

Este departamento está dedicado al alojamiento de los Clientes, lo supervisa el Director de Alojamiento y se puede dividir en cuatro subdepartamentos:

- **Recepción**: se ocupa de todo lo relacionado con el Cliente y su estancia y lo dirige el Jefe de Recepción.

- **Reservas**: se encarga de atender las reservas, controlar el planning y aplicar las tarifas oportunas. Está a su mando el Jefe de Reservas.

- **Pisos**: se responsabiliza de la limpieza del Hotel, ya sean habitaciones o zonas nobles y es tutelado por la Gobernanta.

- **Mantenimiento**: se hace cargo de reparar cualquier tipo de avería o desperfecto que surja en el Hotel y de mantenerlo en buenas condiciones. Lo lidera el Jefe de Mantenimiento o Jefe de Servicio técnico.

Estos subdepartamentos tienen una relación muy directa los unos con los otros. Por eso, es imprescindible que aparte de una buena logística interna, exista una valiosa comunicación y un buen entendimiento entre todos ellos.

En **Recepción**, disponemos de mucha información relevante y, haciendo partícipes a los demás departamentos, conseguiremos generar una buena conexión con cada uno de ellos y facilitarles el trabajo:

- **Reservas.** En algunos Hoteles, este departamento forma parte de Recepción, y el encargado de reservas suele ser el mismo Jefe de Recepción. En otros, aunque sea un subdepartamento independiente de Recepción, ambos dependen del departamento de Alojamiento. En cambio, en el caso de las compañías con varios Hoteles, este departamento pertenece al departamento Comercial. Así, pueden coordinar las reservas de todos sus Hoteles y gestionar sus Hoteles como si solo fueran uno. Aparte de conseguir una vista unificada del conjunto, les da la posibilidad de «jugar» con la sobreventa: cuando uno de los Hoteles está sobrevendido y otro con plazas libres, pueden desviar Clientes dentro de la misma compañía, y consiguen subir la media de la ocupación global. Si en tu Hotel este departamento es independiente del tuyo, le puedes apoyar comprobando las reservas con antelación y detectando posibles errores (duplicidades, confusión en fecha de salida, en total de personas, etc.). Como he comentado anteriormente, es una tarea que te beneficia a ti también, porque puedes localizar a los Clientes repetidores y conocer todas las peticiones. Por otro lado, es importante avisar al departamento de Reservas cuando hayas confirmado un upgrade directamente al Cliente; evitarás así un posible overbooking de tipo de habitación. Infórmale también cuando sepas que hay Clientes repetidores, eludirás su posible desvío en caso de overbooking general. Hazle saber si tienes habitaciones bloqueadas, para que conozca la situación real de disponibilidad en todo momento.

- **Pisos.** Le puedes ayudar anticipándole los horarios previstos de llegadas y de salidas, avisando con anterioridad cuáles son las habitaciones con «late check-out», con «early check-in» o los cambios de habitación previstos. Todos estos datos son de gran ayuda para la Gobernanta, a la hora de planificar el trabajo de sus camareras. Además, si ella ha podido organizarse mejor, podrás tener algunas habitaciones limpias y revisadas cuando los Clientes lleguen temprano.

- **Mantenimiento.** Le puedes secundar en caso de avería, hablando primero con el Cliente para saber cuándo le viene mejor que se haga el arreglo y comunicándoselo al Servicio técnico. De esta manera estás evitando que se moleste al Huésped durante su descanso y también que el personal de mantenimiento tenga que ir repetidas veces a la habitación, al encontrarse con el cartel de «no molestar».

Recuerdo hace tiempo ya, un día con muchísimas salidas y pocas llegadas. La Gobernanta me había comentado que no tenía suficiente personal para limpiar todas las habitaciones de salida y que muchas iban a quedar pendientes para el día siguiente a no ser que pidiera ayuda a servicios externos o les dijera a sus camareras que se tenían que quedar más tiempo, pagándoles las horas extras. Decidí que se podían quedar sin limpiar... Como ese mismo día no se iban a ocupar de nuevo todas las habitaciones de salida, permití a un número elevado de habitaciones tener un late check-out. Por otro lado, el Servicio técnico aprovechó para hacer pequeñas reparaciones y labores de mantenimiento en las habitaciones que quedaron vacías pero sucias. Quiero recalcar que no fue una decisión tomada a la ligera, pues estaba eliminando un gasto prescindible (pago de horas extras o contratación de personal externo) y además conseguía un ingreso añadido al cobrarle a los Clientes por el late check-out. Pero no se me pasó por la cabeza avisar al departamento de Reservas. Cuando mi compañera del departamento de Reservas me avisó que íbamos a tener llegadas imprevistas porque un avión se había averiado, por poco entramos en pánico, ambas. Lo solucionamos lo mejor que pudimos, yo comprobando con cuántas habitaciones exactamente podíamos contar para alojar a los pasajeros, y a partir de qué hora; ella avisando a la compañía aérea de que no podían contar con el número de habitaciones que había confirmado inicialmente. Así aprendimos la lección. A partir de ese incidente, le informaba diariamente de todas las habitaciones bloqueadas, aunque solo fuera por unas horas, y ella, no volvió a confirmar reservas para el mismo día sin antes cerciorarse de cuántas podía disponer realmente, por si había habido algún imprevisto de última hora.

b. Alimentación y bebidas (Food and Beverage)

También conocido por sus siglas (A&B o F&B), es el departamento que se encarga de la restauración de los Huéspedes, de la gastronomía, desde su elaboración hasta su presentación. Lo supervisa el Director de F&B.

Suele dividirse en cuatro subdepartamentos (a veces cinco, cuando se incluye Economato):

- **Bares:** ofrece una variedad de bebidas (y en algunos casos, comida rápida) a los Clientes y prepara cocktails. Lo supervisa el Jefe de Bares.

- **Restaurante:** se ocupa de las tres comidas de los Huéspedes, ya sea a la carta, con menú, servida o tipo bufé. Su Jefe es el Maître d'Hôtel, conocido como «Metre».

- **Cocina:** su misión es la correcta elaboración de los platos que consumirán los comensales (los Clientes y en muchos Hoteles también el personal). A su cabeza está el chef, o Jefe de Cocina.

- **Room Service:** es el servicio de habitaciones. Propone una gama de comida y bebidas que el Cliente consume en la habitación. Ya puede ser con asistencia de maquinaria (mini Bar en la habitación, máquina de autoservicio en los pasillos), de equipo humano e incluso de robots. También existe el Room Cooking Service: un cocinero y un camarero realizan todo el proceso en la habitación, que cuenta con una zona para la elaboración y servicio de platos, puede ser en presencia o no del Cliente. El encargado de este subdepartamento es el capitán de Room Service.

  En algunos casos, el servicio de habitaciones ha sido externalizado y lo ofrecen los Restaurantes de comida rápida a domicilio.

Aunque a priori no sea un departamento muy ligado a Recepción, una buena relación con F&B es primordial para el correcto funcionamiento del Hotel, pues como ya lo he comentado, todo está interconectado.

Aparte de tenerlos en cuenta para cualquier imprevisto, ¿cómo se les puede facilitar el trabajo desde la Recepción?

- Avisando con tiempo a Cocina y Restaurante cuando sea necesario tener preparadas unas cenas frías para después del servicio, o unos desayunos para antes de la hora de apertura del comedor.

- Facilitándoles una lista con las atenciones (vino, champagne, cesta de frutas…) que tendrán que colocar al día siguiente en las habitaciones de llegada. En este caso, los cuatro subdepartamentos se ven involucrados en la preparación y prestación del servicio.

- Reflejando el primer servicio del Huésped en su tarjeta, o en el ordenador (dependiendo de la logística del Hotel para identificar los Clientes en la entrada del Restaurante). En algunas ocasiones, el Hotel llega a un acuerdo con las agencias de viajes para que los Clientes de media pensión que lleguen después del cierre del Restaurante, no tengan como primer servicio la cena el día de llegada, sino el de almuerzo el día de salida. Si el departamento de F&B desconoce estos datos, las previsiones de personas para cenar o para almorzar serán erróneas.

La primera vez que acepté la reserva de un grupo de Clientes no alojados para comer, no tuve en cuenta al departamento de F&B. También en este caso se trataba de los pasajeros de un vuelo retrasado y me habían llamado para saber si podíamos darles de comer (no alojarlos). Desde mi inexperiencia en ese tema y ante la premura del agente de viajes, había aceptado inmediatamente (en ese momento estaba ausente el Director y yo era la que tenía que tomar la decisión).

Solo pensé que era una entrada extra e inesperada de dinero para el Hotel. No me planteé ni por un momento, que mi disposición pudiera generar problemas y descoordinación en el departamento de F&B. No había tenido en cuenta la capacidad del Restaurante, e iba a recibir al mismo tiempo los Huéspedes del Hotel y los pasajeros del vuelo atrasado. No me había planteado si había bastante personal en los departamentos involucrados, ni si en cocina disponían de tiempo suficiente para poder preparar comida para unas 200 personas más.

Gracias a la profesionalidad y el buen talante de todos, se pudo dar el servicio sin demasiados percances, pero allí también aprendí la lección. Nunca más volví a confirmar un servicio para retrasos de vuelos sin haber consultado antes con la Cocina y el Restaurante, y poder adaptar mejor el horario. Por otro lado, supe que era bueno avisar también al departamento de Bares, para que consideraran si era necesario aumentar el número de trabajadores en ese lapso de tiempo, ya que los pasajeros iban a estar deambulando por las zonas comunes, después del almuerzo, hasta su partida.

c. Comercial

Es el departamento encargado de la comercialización tanto externa como interna del Hotel. Lo dirige el Director Comercial.

- La comercialización externa abarca **marketing**, **promociones** y **contratación** con tour operadores, agencias de viajes y demás OTAS. Su función principal es la de captar Clientes. Como ya lo comenté anteriormente, en algunos Hoteles, incluye también el subdepartamento de Reservas. Esto ocurre principalmente en las cadenas Hoteleras, siendo más efectivo un departamento de reservas único para todos los Hoteles. Según el tamaño del Hotel o de la cadena, cada subdepartamento puede contar con su propio Jefe.

- La comercialización interna se divide en **Relaciones Públicas, Animación y CCI** (Convenciones, Congresos e Incentivos). Trata de la organización de la estancia del Cliente. También aquí cada subdepartamento puede tener su propio Jefe.

- Uno de los nexos entre ambas comercializaciones es el **Community Manager**. Su misión es la de gestionar la visibilidad y la reputación del Hotel en las redes sociales. Lo hace antes, mientras y después de la estancia del Cliente.

- Algunos Hoteles incluyen la figura del **Revenue Manager** en el departamento Comercial pero debido a la importancia que está adquiriendo en los últimos años y a su interacción con todos los departamentos, prefiero incluirlo en el departamento de Dirección.

Cuando la comunicación entre la Recepción y el departamento Comercial es cuasi inexistente, llegamos a tener la impresión de que ellos viven otra realidad, lejos de nuestro día a día. Esa sensación se incrementa cuando hacen lanzamientos promocionales sin informarnos y nos enteramos cuando los Clientes nos preguntan por una promoción determinada que desconocemos; o peor aún, a posteriori, cuando las agencias nos devuelven las facturas por no haber tenido en cuenta algún descuento puntual acordado con el departamento Comercial.

Pero si conseguimos facilitarle la labor, seguro que empezaremos a crear una nueva relación y la comunicación bilateral fluirá mucho más.

¿Cómo hacerlo? Aquí te doy alguna idea:

- Si el Hotel no dispone de CMI centralizado o el departamento Comercial no tiene acceso a él, haciéndole llegar, desde temprano, las previsiones de ocupación así como las estadísticas.

- Comunicándole de qué forma perciben los Clientes las promociones. Y también avisándoles cuando dicha promoción está generando un trastorno en todo el Hotel mayor que el beneficio apreciado por el Cliente.

- Informándole cuando un futuro Cliente nos notifica que no ha podido reservar porque su agencia de viajes le ha dicho que el Hotel está completo, y realmente no es así. Pues puede ser una mala praxis de una agencia o un T. O., porque le interese más vender otro Hotel de la competencia. También puede ser porque el departamento Comercial o el sistema informático no sean flexibles con los cupos.

Una vez, al recibir el request de un Cliente repetidor con mucha antelación, comprobé que su reserva no estaba en nuestro sistema; esta llegó un día antes de cumplirse el release. Consulté la reserva hecha por el T. O. y estaba valorada aplicando una oferta que había lanzado nuestro departamento Comercial unas semanas antes para incentivar las ventas. En la promoción, el departamento Comercial ponía claramente que estaba destinada a reservas hechas después de cierta fecha. Me extrañó porque la carta del Cliente había llegado un mes antes de la fecha mencionada. Se lo comenté al departamento Comercial y procedieron a investigar el asunto. Resultó que el T. O. no mandaba automáticamente las reservas cuando le llegaban sino que lo hacían un día antes de que finalizara el release. Así, propiciaban que el departamento Comercial lanzara alguna promoción, pensando que nadie estaba reservando el Hotel. El único beneficiado era el T. O., pues veía su ganancia aumentar. El Cliente no se veía favorecido económicamente, ya que su reserva había sido anterior al lanzamiento de la oferta; y el Hotel no había conseguido un mayor volumen de ventas gracias a la oferta lanzada, e iba a percibir un importe menor al que le hubiera correspondido por la estancia del Cliente. Después de este hecho, el Hotel exigió a todos los T. O. que enviaran las reservas en su poder (o como mínimo su estado de ventas) antes de lanzar ofertas.

d. Administración

Este departamento controla todos los asuntos administrativos: se encarga de la supervisión de los recursos financieros, coordina los departamentos para que se cumpla lo reglamentado por el Gobierno, tutela el suministro y la adquisición de los recursos materiales y vigila los procesos que se relacionan con la administración del personal.

Suele constar de cuatro subdepartamentos:

- **Contabilidad:** Se encarga de controlar las operaciones financieras y contables. También se dedica a la elaboración de presupuestos anuales, de pronósticos de ingresos, de estados financieros, y a la creación de informes acerca de la situación financiera. Además. es el responsable de cumplir con las obligaciones tributarias. Lo supervisa el Jefe de Contabilidad.

- **Créditos:** Su principal función es la de controlar la facturación y reclamar los créditos pendientes no pagados en fecha. Lo dirige el Jefe de Créditos.

- **Compras:** Adquiere los recursos materiales necesarios para el buen funcionamiento del Hotel, al mejor precio posible, manteniendo una calidad preestablecida. Se encarga de su almacenaje en el Economato y de la distribución a los distintos departamentos. Cuando se trata de una cadena, el responsable de este subdepartamento es el Jefe de Compras. En Hoteles independientes, el Jefe de Economato asume estas funciones.

- **Recursos Humanos:** Es el responsable de todo lo relacionado con el control del personal. Se encarga de su contratación, de la correcta elaboración de las nóminas, de la organización de cursos de formación, de mantener un buen clima entre el personal, de mediar en los conflictos entre empleados y la empresa (cuando el Jefe de departamento no haya conseguido hacerlo), y de controlar la prevención de riesgos laborales. Lo lidera el Jefe de Recursos Humanos.

En ocasiones, el departamento administrativo resulta ser un departamento incómodo para la Recepción. No está directamente en contacto con el público y nos parece que se encarga de controlar meros trámites burocráticos. Pero hay que recordar que el Hotel es un negocio, y cuando hay errores por parte de Recepción en esos «meros trámites» y no son detectados a tiempo; o los pagos de los T. O. o de las agencias se demoran; o se pierde dinero (por ejemplo si se factura un cargo extra a una habitación y pertenece a otra).

Podemos facilitar la labor de este departamento:

- Revisando la producción antes de hacer el cierre diario (Contabilidad).

- Comprobando la facturación para las agencias y los T. O. (Créditos).

- Avisando con antelación cuando tu departamento se esté quedando sin mercancía (papel de impresora con logo del Hotel, folios, bolígrafos, clips y demás material de oficina) y recogiendo el pedido dentro del horario establecido por el Economato. Comunicando cuando la mercancía no se ajuste a las necesidades del departamento (Compras).

- Contactando con Recursos Humanos para comunicarles con tiempo suficiente la intención de contratar o de prescindir de algún trabajador. Haciendo directamente la selección de personal. Cumpliendo con las normas de PRRLL.

Una vez, el Jefe de Compras aprovechó una buena oferta por parte de un proveedor para comprar bolígrafos. Eran parecidos a los BIC, pero de marca blanca, y resultaron malísimos. Algunos no escribían, otros soltaban tinta y manchaban el papel... Los dichosos bolígrafos nos retrasaban a la hora de atender a los Clientes durante el check-in. Además, terminaban irremediablemente en la basura, ¡a veces sin haber podido ser usados una sola vez!

Si no llego a comunicarle todos estos inconvenientes al departamento de Compras, habría seguido comprándolos, para nuestra desesperación y sin ahorrar demasiado, ya que gastábamos muchos más.

2. LA DIRECCIÓN

a. Dirección General

El Director General es el máximo responsable de la empresa, encargado de que se preste un servicio eficiente, de definir y fijar la política interna a seguir, de la administración de los recursos. Dirige a los Directores o gerentes. Determina las necesidades de materiales, recursos humanos y económicos para garantizar un buen funcionamiento del Hotel (o de cada Hotel, cuando dirige una cadena). Aporta datos para la realización de los presupuestos generales y analiza sus desviaciones y las corrige. Comprueba los resultados obtenidos. Es el nexo entre el Consejo de Administración (propietarios-accionistas) y la empresa de explotación.

Desde la Recepción, no siempre se tiene una relación directa con el Director general, pero lo importante es demostrarle profesionalidad y seguridad cuando nos trate directamente. Es fundamental inculcar al equipo el sentimiento de respeto, no de miedo, ante su figura, para que nadie se paralice si este consulta algo.

Crecí profesionalmente gracias a un Director General innovador, visionario, inspirador y motivador.

Innovador porque sus Hoteles siempre fueron los primeros en todo, en tener ordenadores (hablamos del año 1985), en tener puertas con cerraduras electrónicas en todas las habitaciones, en dotarlos de desfibriladores, en instalar un gran parque infantil... Y también innovador en el concepto de reunir a su equipo más directo en un ambiente distendido, para fomentar lazos de unión

Visionario porque supo ver en sus inicios, que era mejor comercializar exclusivamente como Hotel, el Hotel- Apartamento que inauguró. Más adelante, antes que nadie más lo hiciera en la zona, pasamos de ser un Hotel de playa convencional a ser un Hotel con servicio de Todo Incluido parcial.

Inspirador porque cuando le señalaban como mejor Director General de la zona y le preguntaban cómo lo conseguía, año tras año, él contestaba que era porque había sabido rodearse de los mejores, aludiendo así a todo el personal de la cadena.

Motivador porque aunque parecía una persona autoritaria, estaba dispuesto a escuchar y dejarse asesorar. Y porque, en la parte que me concierne, siempre confió en mí, en mis aptitudes y mis competencias (a pesar de ser joven, a pesar de ser mujer, que eran unos hándicaps para promocionarse en los años 80).

b. Dirección o Gerencia

La función del Director es la de supervisar y de coordinar el trabajo de todos los departamentos para asegurar el buen funcionamiento del Hotel. Es decir, debe conseguir un establecimiento rentable, con condiciones laborales seguras para sus trabajadores y que sea atractivo y seguro para sus Huéspedes.

Puede tener un asistente de Dirección, o subdirector, que le suple durante su ausencia.

En algunos Hoteles, los Jefes de departamento asumen la función directiva por rotación, los fines de semana. Pero en numerosas ocasiones, la persona que sustituye al Director cuando es necesaria una actuación inmediata y él no está, es el Jefe de Recepción.

Si tienes una buena relación con el Director, te será más sencillo proceder como lo haría él, si te toca sustituirlo. Por supuesto, también tendrás que saber cuáles son los límites de tu desempeño, y cuándo es mejor contactarle y cuándo no.

Para colaborar con el Director, puedes aprovechar tu posición estratégica dentro del Hotel y ser a veces sus ojos y sus oídos.

No se trata de ser un chivato o ir a contarle chismorreos, se trata de adelantarle unos hechos que él quizás desconoce, antes de que se conviertan en problema.

Ante la duda de si comunicarlos o no, recuerda aplicar el triple filtro de la verdad de Sócrates (verdad, bondad y utilidad):

- ¿Estás seguro de lo que se ha dicho?

- ¿Es algo bueno para el funcionamiento del Hotel?

- ¿Es útil?

-

Siempre mantuve una estrecha colaboración con mis superiores. Más de una vez, hice una llamada a mi Director con el propósito de rescatarle de un Cliente que me parecía tedioso y que le tenía acaparado con asuntos intranscendentes, fuera de su despacho. Con mi llamada, le daba la opción de retirarse de forma cortés, escudándose en un asunto imprevisto y urgente, o seguir con la conversación, si era de su interés.

Por otro lado, aprendí a diferenciar su aislamiento para tomar decisiones importantes (y no siempre entendidas) y su soledad como consecuencia de un gran respeto o de un profundo recelo por parte de sus subordinados. Siempre he intentado, desde la admiración y el cariño, que ningún superior mío sufra esa soledad del directivo (aunque pueda parecer inherente al puesto).

En alguna ocasión, de esa complicidad nació una gran amistad.

Así y todo, siempre he procurado diferenciar la amistad que hemos podido tener fuera del Hotel con el trato diario en la jornada laboral. Pero reconozco que unas pocas veces no supe respetar esa distancia necesaria en el trabajo. Me enfadé ante lo que yo consideraba unas injusticias con mi personal y perdí las maneras al protestar, olvidando que en ese momento, eran mis superiores. Por supuesto, cuando recapacité, pedí disculpas por haber perdido las formas.

Hoy en día, todavía me pesa.

c. Administración de sistemas informáticos

El informático es la persona encargada del buen funcionamiento del sistema informático del establecimiento (ya sea *hardware* o *software*), de su administración de acceso, de los cambios de versiones, de la protección de los datos digitales, de las copias de seguridad.

Hoy en día, es cierto que en general la informática ya no asusta (o no como nos asustaba hace 35 años) y que las generaciones de los millenials y centennials, hijos de la tecnología digital, la dominan sin gran esfuerzo. Así y todo, es un puesto importante en la empresa, no solamente para solucionar los problemas que puedan surgir, sino también para salvaguardar la información y dar acceso restringido a los empleados, según su puesto de trabajo y su función.

A veces, llamamos al informático para que nos solucione problemas sin haber siquiera comprobado si los cables están bien enchufados.

Para ayudarle en su labor, antes de avisarle de una avería o de un problema en el programa, es importante saber exactamente los pasos que hemos seguido, anotar los avisos que salgan en la pantalla (o sacarle foto), comprobar las conexiones...

Recuerdo una vez, que entramos en pánico porque no funcionaba el ordenador y era un día de muchas salidas. Así que llamamos al informático con cierta urgencia y fuera de su horario laboral. Vino rápidamente de su casa y cuando descubrió que uno de los cables se había soltado y que por eso no funcionaba, se echó a reír. «Menos mal que nos llevábamos bien —me dijo— casi prefiero que haya sido una tontería, a tener que arreglar una avería sobre la marcha». Así y todo ¡Yo no sabía dónde meterme!

Después de este episodio, me cercioré bien de que todos los cables estuvieran bien conectados, antes de llamarle cuando nos surgían problemas informáticos.

d. Yield o Revenue Management

Es el departamento encargado de la gestión de rendimiento, **responsable de** analizar los datos, para poder ofrecer la habitación correcta al Cliente correcto, en el momento correcto a un precio ajustado a ese preciso instante y por el canal correcto. Su misión principal es la de optimizar y maximizar los ingresos del Hotel.

Habitación correcta: pues ninguna es igual a otra, variando siempre su situación, y a veces su tamaño, su decoración, sus facilidades, sus vistas...

Cliente correcto: no todos tienen la misma sensibilidad a la variación de precio ni se comportan de la misma manera.

Momento correcto: las reservas se hacen con cierta antelación.

Precio correcto: si se mantiene un mismo precio todo el año, podría resultar bajo en periodos de gran demanda y elevado en periodos de baja demanda.

Fecha correcta: si hay pocas reservas, un precio más bajo activaría la demanda y si hay mucha demanda, uno más alto aumentaría los ingresos.

Canal correcto: identificando cuál es rentable y cuál no.

O sea, según el estudio y análisis del Revenue Manager, fluctuarán las tarifas del Hotel.

En muchos Hoteles, todavía no es un departamento independiente, forma parte del departamento Comercial, en otros, del de Administración, y en algunos, la Recepción cumple parte de esta labor de análisis. Pero cada vez más gerentes son conscientes de la importancia de este tipo de gestión de rendimiento.

Una buena comunicación con el Revenue Manager es fundamental, tal y como lo expliqué en el primer capítulo, para poder aplicar y entender la tarifa correcta.

Nosotros, más allá del análisis frío de unos números, podemos ayudarle a definir patrones según el comportamiento de los Clientes, informarle de indicadores para la segmentación de la Clientela, avisarle de cómo es percibida una campaña, entre otros aspectos.

3. T. O., AA. VV. y OTAS

a. Tour operador

Se trata de una empresa mayorista (también minorista en algunos casos) que organiza viajes llamados «paquetes combinados» y que incluyen transporte, traslados, excursiones y hospedaje.

Durante muchos años, ha sido el principal medio para los Hoteles para vender sus plazas, y la mejor forma de alcanzar su público objetivo en los sitios más remotos. Cuando no existía internet o estaba en sus inicios, eran pocos los que compraban por un lado su billete de avión y por otro su estancia al Hotel.

Hoy en día, y gracias a las nuevas tecnologías, la manera de viajar ha cambiado y la dependencia Hotel/tour operador no es tan grande. Así y todo, voy a explicar cómo funciona esta relación.

El Hotel (a través del Director Comercial o del Director) y el tour operador firman un contrato antes de iniciarse la temporada. Los contratos varían según cada T. O., pero independientemente del formato, aparecen estas cláusulas:

- **Los precios:** según fechas determinadas, con los suplementos y descuentos a aplicar (por tipo de habitación, por doble uso individual, por cama o cuna supletoria…). Estas tarifas suelen ser por persona y por día.

- **El cupo:** conjunto de plazas otorgadas para la venta. Si lo sobrepasa, el T. O. debe solicitar confirmación para una reserva «fuera de cupo».

- **El release:** periodo tope para que el T. O. pueda anular las plazas contratadas, para liberar las plazas que no se han podido vender, sin penalización. Fuera de ese plazo estipulado, si quiere vender, el T. O. debe solicitar al Hotelero confirmación para «una reserva fuera de release».

- **Las fechas de pago:** pueden llegar a hacerse efectivas hasta tres meses después de la salida del Cliente.

- **Las condiciones generales:** engloba todas las demás cláusulas, entre otras, las condiciones legales, de privacidad…

Es importante que la Recepción conozca estos contratos tanto para poder facturar correctamente como para poder tomar las decisiones pertinentes cuando sea necesario.

Aquel sábado de noviembre, llovió tanto, que las terrazas del Hotel se anegaron y muchas habitaciones se inundaron. Teníamos numerosas llegadas al día siguiente y el Hotel estaba casi completo. A pesar del esfuerzo del departamento de Mantenimiento y del de Pisos para poder acondicionar esas habitaciones, algunas quedaron bloqueadas.

No me quedó más remedio que optar por desviar algunas de las llegadas. ¿Pero qué criterio podía seguir? Pues el que le costara menos dinero al Hotel: así, descarté inmediatamente las llegadas de Clientes que venían con un T. O. donde aparecía en contrato que en caso de desvío a otro Hotel, se compensaría al Cliente y al tour operador con una cantidad elevada de dinero.

De no conocer las cláusulas de los contratos, quizás habría elegido aleatoriamente o por orden de llegada a los Clientes desviados.

b. Agencias de viajes y guías

El Tour operador, como he comentado anteriormente, también puede ser agencia minorista; y cuando no lo es, trabaja con agencias emisoras y una agencia receptora.

Aunque el departamento que se relaciona directamente con las agencias receptoras sea el departamento de Reservas, la Recepción también tiene contacto con los agentes: cuando acompañan a los grupos de incentivos en una visita guiada del Hotel, cuando van al establecimiento para negociar un contrato con el Jefe de Contratación del T. O. que representan, o simplemente cuando llaman por teléfono para hacer una consulta. Pero sin lugar a dudas, el representante del T. O. más próximo al Cliente y a la Recepción es el guía. Y con él, sí tenemos mucho vínculo en la Recepción.

A menudo he escuchado comentarios despreciando a los guías y su trabajo, considerándoles inaguantables, o tachándoles de engreídos. Pero he podido comprobar que manteniendo buenas relaciones tanto con los agentes como con los guías, todos salimos ganando.

En una ocasión, el responsable de una agencia receptiva con el que mantenía una relación muy cordial, se enojó muchísimo conmigo y empezó a gritarme por teléfono, cuando le avisé que íbamos a desviar a unos Clientes suyos.

Me sorprendió y también me dolió mucho su reacción. Del mismo disgusto, aquella noche, no pegué ojo. Pero a la mañana siguiente, al llegar al despacho, me esperaba un centro de flores, impresionante, gigantesco, precioso, con una bonita tarjeta. Me lo mandó él, pidiéndome disculpas por su actitud del día anterior. Y no solo me pidió perdón, sino que se encargó de comunicar el desvío a los Clientes y de organizar su traslado para llevarlos directamente del aeropuerto al nuevo Hotel.

Sé que de no haber mantenido esta relación cordial con él, no habría colaborado tanto.

Una vez, una guía-representante de un importante T. O., me comentó que un Cliente suyo le había presentado una queja, reclamando por todo pero especialmente por el mal servicio de la Recepción del Hotel. En el reporte que ella tenía que rellenar, aparte de transcribir lo que le había comunicado el Cliente y nuestras alegaciones, tenía que agregar su opinión.

En lo concerniente al Hotel, comentó que le extrañaba mucho, porque siempre atendíamos con mucha amabilidad y mucho cariño a todo el mundo.

Y es cierto que nosotros, nunca le habíamos puesto mala cara, incluso cuando, agobiados de trabajo, nos pedía un papel, el número de habitación de un Cliente, o simplemente cuando necesitaba cargar la batería de su móvil.

De forma inconsciente (y gracias a nuestra paciencia), ella se había convertido en una embajadora de nuestra marca. Y quiero pensar que gracias a su comentario, el T. O. no le dio ninguna credibilidad al Cliente y no solicitó compensación alguna al Hotel.

c. GDS, OTAS y metabuscadores de Hoteles

Con el auge de internet, han surgido nuevas herramientas para conseguir Clientes:

- **GDS (Global Distribution System):** son los sistemas automatizados de reservas. Los más conocidos son Amadeus, Galileo, Worldspan y Sabre.

- **OTAS (Online Travel Agencies):** son las agencias de viajes en línea. Las más populares son Booking, Expedia, Priceline, Edreams o la quebrada Amoma.

- **Metabuscadores:** son plataformas publicitarias donde aparecen las mejores ofertas Hoteleras de la web. Kayak, Trivago, Tripadvisor y Google son las más utilizadas.

Últimamente, están surgiendo **híbridos de OTAS y metabuscadores**, al ser adquirido Trivago por Expedia, Kayak por Priceline, por ejemplo.

La mayoría de los Hoteles opta por contratar con las OTAS para estar presente en sus páginas web, aprovechando así la tecnología, para llegar a más sitios y también para aumentar su visibilidad en la red.

Al tratarse de nuevos canales de venta y de distribución, el departamento Comercial es el que debe ajustar las condiciones y las tarifas según las circunstancias y luchar contra el dumping de ciertas OTAS.

Entonces, ¿en qué influyen al departamento de Recepción?

- Por un lado, las OTAS suelen hacer reservas de última hora. Si nuestro PMS (servicio de gestión Hotelera) no está sincronizado con dichos canales, el Cliente se presenta en el Hotel de forma imprevista, en general sin tener claro con quién ha reservado, excepto que se lo han confirmado «por internet», y convencido de que ya ha pagado su reserva, porque ha dejado los datos de su tarjeta de crédito al realizar la reserva. Es en este momento cuando al Recepcionista de turno le toca hacer de Sherlock Holmes y averiguar con quién ha reservado, y si tiene que cobrarle o no. Pues según los acuerdos pactados con el departamento Comercial, variará la forma de pago del Cliente: desde el prepago online por la totalidad, a que solo haya sido parcial, o que sea pago directo a la llegada en el Hotel…

- Por otro lado, se reciben llamadas de Clientes intentando regatear los precios, porque han encontrado en alguna de las OTAS unos precios más Baratos que en la web del Hotel. Ya comenté anteriormente que esto suele irritar mucho a los Recepcionistas, principalmente si no saben si tienen margen o no para ajustar las tarifas.

Recuerdo que siendo responsable del alojamiento de un Hotel pequeño, atendí una llamada de un Cliente que me proponía pagar el mismo importe que aparecía en la página web de una OTA en lugar de pagar nuestra tarifa, que resultaba ligeramente más cara. El Cliente me dijo, con una lógica aplastante: «Si le pago directamente el precio de X sin los cargos que me aplican ellos por gestión de reserva, usted cobra antes y además no tiene que pagarles comisión. Al final, el Hotel y yo salimos ganando».

Lo que ignoraba el Cliente, era que con esa reserva, el Hotel quedaba con una previsión de ocupación del 100 %. Y el problema era que el Hotel tenía un contrato con esa OTA, donde se comprometía a guardar una habitación con release de un día. Si yo aceptaba el trato que me ofrecía el Cliente, me arriesgaba a que la OTA vendiera la habitación a otro Cliente y tener overbooking ese día. Opté por no arriesgarme (no tenía muchos Hoteles alrededor para poder desviar en caso necesario) y preferí que hiciera la reserva con la OTA, explicándole la razón.

Conociendo los distintos contratos y sabiendo cuál era la situación de reservas del Hotel, conseguí una visión global de la situación y pude elegir la mejor opción.

4. ENTORNO EXTERIOR

a. Medioambiente

La sostenibilidad ya empieza a ser parte de la gestión del Hotel. De hecho, muchas empresas optan por una política de gestión medioambiental, ya sea propia o siguiendo la norma ISO 14001.

Aparte de ser el reflejo de los valores de la empresa, hay que tener en cuenta que cada vez más Clientes demandan esta implicación ecológica.

La concienciación del impacto medioambiental se traduce en la colocación de placas solares, de sistemas de desconexión automática de aire acondicionado o de calefacción ante apertura de puertas y ventanas, o de la sustitución de las bombillas tradicionales por las de led...

Algunos Hoteles, argumentando querer un turismo más sostenible, ofrecen descuentos a sus Clientes por prescindir de la limpieza diaria de su habitación. Con esta política medioambiental, se reduce el consumo de agua, detergentes y luz (no solo por la limpieza de la habitación en sí misma, sino por disminuir el servicio de lavandería).

Por otro lado, y con el fin de minimizar el uso de plástico, muchos Hoteles optaron por sustituir las botellitas de champú y de gel por unos grandes dispensadores recargables de pared. Pero con la aparición del COVID19, estas medidas van a tener que ser revisadas, priorizando la seguridad sanitaria de los Clientes.

La Recepción, aunque en menor medida, también puede participar en el cuidado del medioambiente:

- Con la minimización de residuos.

- Con la reutilización y reciclaje de los folios.

- Usando papel ecológico y material informático reciclado.

- Reduciendo el consumo de papel, guardando los archivos en formato electrónico y usando el correo electrónico.

- Contribuyendo al ahorro energético (apagando las luces cuando no sean necesarias).

- Explicando a los Huéspedes que si desean que la camarera les cambie las toallas, las deje en la bañera.

- Ofreciendo a los Huéspedes excursiones respetuosas con el medioambiente.

- Fomentando el transporte sostenible (con el alquiler de bicicletas).

- Consiguiendo la implicación de todo el departamento y de los Clientes.

Empezó la fiebre de los 4x4, y en nuestra Recepción vendíamos una excursión en todoterreno para los Clientes. Era una novedad y la verdad, tenía mucho éxito.

La Dirección del Hotel nos avisó que con los coches estaban dañando la flora de la isla, adentrándose en zonas todavía no protegidas. Ante la poca responsabilidad medioambiental de los organizadores, decidimos dejar de ofrecer dicha excursión.

Más adelante, la Administración local reguló este tipo de actividades turísticas para controlar entre otras cosas, su itinerario.

b. *Entorno familiar*

La profesión va imprimiendo carácter.

Cuando estás en el corazón del Hotel, para poder liderar tu equipo convenientemente, te vuelves ordenado si no lo eras, metódico e intentas que nada se escape de tu control y que todo vaya en la dirección que piensas es la mejor. Pero estas características de líder te llevan a controlar y dirigir también a tu entorno familiar, casi de forma inconsciente, lo cual puede crear fricciones.

Lo ideal es que consigas darte cuenta de cuándo sigues comportándote como líder, para así elegir si es el comportamiento más apropiado en ese momento familiar.

Un factor muy positivo es que puedes detectar con más facilidad las emociones en tu hogar, porque ya estás acostumbrado a detectar indicios reveladores, tanto verbales como no verbales (tono de voz, expresiones faciales, actitud corporal...).

A los allegados no siempre les resulta sencillo adaptarse a la vida de los que trabajamos en la hostelería. Seguramente que a ti no te resulte traumático tener que trabajar cuando los demás están de celebración. Cuando eliges esta profesión, sabes que cualquier día puede ser festivo, independientemente de lo que indique el calendario. Pero tendrás que entender que la mayoría de la gente lo vive de forma casi dramática, sin que por ello te contagie emocionalmente.

Por otro lado, recuerda siempre que el Hotel vende experiencias agradables, bienestar, felicidad... Por ello, procura que tus problemas familiares no afecten tu labor y deja de lado las emociones negativas que traes de casa (aunque a veces resulte complicado).

Un año, nuestro departamento celebró su «comida de Navidad» a mediados de enero. Nos venía mejor a todos, y sobre todo, ya habían pasado los días de más estrés y de más trabajo. Ante la mirada atónita de los demás comensales del Restaurante, nos pusimos a cantar villancicos y a repartirnos el regalo del «amigo invisible». Habíamos decidido celebrar «nuestra» Navidad en la fecha que más nos convenía. Creo que los camareros de ese sitio nos entendieron perfectamente pero los Clientes pensaron que nos habíamos vuelto locos.

Fue hace poco cuando entendí definitivamente lo difícil que puede resultar para el entorno familiar que no puedas disfrutar de las fiestas con ellos.

Vi un vídeo que habían grabado mis padres el día de Navidad, hace 25 años, cuando mi hijo tenía 3. Por ser un día tan especial (y como algo excepcional), fueron los tres al Hotel, mientras yo trabajaba. En esa grabación, vi cómo mi niño disfrutaba de la presencia de Papá Noel junto con los pequeños Huéspedes, en la zona de la piscina, y después, cómo se despedía de mí en el hall del Hotel. A continuación, se sentaba por fuera del Hotel, en unos escalones. Lo que me partió el corazón fue escuchar su respuesta cuando mis padres le preguntaron si estaba cansado: «Noooo, estoy esperando a que mi mamá salga del trabajo».

Consiguieron convencerle (todavía me faltaban más de cuatro horas para cumplir con mi jornada laboral) y se marcharon los tres a disfrutar de la Navidad… sin mamá.

Ahora sé por qué mi hijo odia las fiestas navideñas.

c. Relaciones sociales

Tienes contacto con muchísima gente en tu entorno laboral, ya sean empleados, proveedores o Clientes del Hotel. Fuera del ámbito de la Recepción, podrás volver a encontrarlos o no.

Llegará un momento que ya no sabrás si estás reconociendo a alguien en la calle porque es un Cliente al que le hiciste amablemente el check-in (junto a las demás 80 llegadas de ese día), porque es un empleado con el que coincidiste en el comedor de personal pero ahora está sin su uniforme, porque es un proveedor con el que charlaste mientras esperaba que le atendiera el Director de A&B, o porque es tu nuevo vecino o simplemente porque te está recordando a alguien pero que es un perfecto desconocido.

Para no destruir todo lo que has conseguido durante tu jornada laboral:

- **Sonríe.** Si realmente te has cruzado con un Huésped, aunque no lo hayas reconocido, lograrás prolongar lo que le hiciste sentir en Recepción, y es que es especial y único. Y si no lo es, verás de todas formas que la vida te resulta más agradable.

  Por supuesto, cuando hablo de sonrisa, me refiero más a una actitud positiva y abierta que a una mueca beata.

- **Sé el mejor embajador de tu empresa**, en todo momento.

  Para ello, no participes en charlas donde haya críticas o burlas de compañeros, Clientes o superiores. Aunque estés fuera de tu entorno laboral, aunque te pudieran servir de válvula de escape, se trata de conversaciones privadas solo en apariencia, pues no sabes con seguridad quién está escuchando. Puede ser que la persona que esté sentada en una mesa cercana, en la cafetería, sea un familiar o un amigo del que estás desacreditando, o el mismo camarero. Es más, cuando hablas mal de un Cliente, de tu empresa, es como si estuvieras mordiendo la mano del que te da de comer.

Por otro lado, no te sorprendas cuando te paren por la calle para preguntarte por una dirección o cualquier tipo de información, aunque no te conozcan. Seguramente por tu actitud servicial y empática, la gente va a percibir tu predisposición para ayudar o guiar.

Llevaba poco tiempo de prácticas en un Hotel, hace ya más de 30 años, y por la calle, a lo lejos me sonrió una pareja. Primero pensé que se habían confundido o que estaban sonriendo a otra persona, pero cuando se acercaron y me saludaron con un «Hola, Rosi» me di cuenta de que me conocían. Mi cabeza fue a mil, intentando recordar si eran Clientes del Hotel, o personal del mismo, o vecinos (llevaba pocos meses viviendo en la isla y pasaba más tiempo en la escuela de Turismo o en el Hotel que en mi casa). Tuve que ingeniármelas para que no se notara demasiado mi desconcierto y guiar la conversación hasta averiguar que eran unos amigos de mis padres que me habían presentado unas semanas atrás.

Otra vez, en la misma época, en el Hotel, un Cliente alemán me dijo que me había visto por la calle y no le había saludado. Le eché la culpa a mi miopía (que en aquel entonces era inexistente) y me disculpé. No hubiera sido correcto decirle: «Mire usted, hay tantos Clientes en el Hotel que no consigo acordarme de todo el mundo».

Decidí que a partir de ese momento saldría a la calle siempre con la sonrisa puesta. Ya nadie se daría cuenta si le reconocía o no. La verdad es que no me resultó muy difícil, por mi forma de ser. Pero más fácil me resultó cuando comprobé que con esta actitud, conseguía que la gente fuera mucho más amable conmigo, ya fuera en las tiendas, en los bancos, hasta en los centros administrativos.

A lo largo de los años, he vivido situaciones divertidas y a veces algo surrealistas, no sé si por salir a la calle con la sonrisa puesta, o si llevo un letrero de «información» en la frente. Entiendo que paseando a mi perro, me pregunten por una dirección, porque se entiende que soy lugareña, pero…

Saliendo de la estación de Paddington, en Londres, a las 20h, en noviembre (o sea, de noche cerrada), arrastrando una maleta y dirigiéndome hacia el Hotel que había reservado, me paró una chica para preguntarme si sabía dónde quedaba Westbourne Terrace, ¿no era consciente de que acababa de poner los pies en Londres?

En otra ocasión, en Praga, una pareja, mapa en mano, me preguntó si sabía dónde quedaba el puente de Carlos. Como llevaba unos días en la capital checa, fui capaz de indicarles el camino, pero ¿cómo lo intuyeron?

En Atenas, nada más salir del Hotel donde me alojaba, me preguntaron por la dirección a tomar para llegar al Partenón.

En los bufés de los Hoteles donde me alojo, me preguntan dónde está el postre.

¡Incluso estando en mitad de una larga cola del INEM, alguien se ha dirigido directamente a mí para saber si los papeles que va a presentar son los correctos!

5. TÚ

a. Tiempo para analizar y pensar

Es necesario que dispongas de tiempo para ti como líder, para concentrarte y considerar si tu departamento está yendo por la dirección correcta.
Tiempo para cambiar de foco, para pasar de un foco interno donde te centras principalmente en la Recepción, a un foco más general, más sistémico, para conseguir una visión panorámica de la situación.

- Si te centras exclusivamente en conseguir un objetivo, en establecer los pasos a seguir, puedes estar trabajando como un robot, sin tener en cuenta a los demás, perdiendo la empatía.

- Si te enfocas únicamente en el trabajo de Recepción, tu estrategia quizás funcione bien durante una temporada, pero terminarás por fracasar, al no tener en cuenta lo que ocurre fuera de tu departamento.

- Si tus valores personales no están alineados con los corporativos, te será cada vez más complicado diseñar estrategias eficaces y no te sentirás a gusto en la empresa.

- Si pierdes de vista los valores, la visión, la misión, la estrategia, las metas y el feedback de tu empresa no alcanzarás los objetivos que esta te ha planteado.

- Recuerda el impacto que provocas en quienes te rodean, no solo por tus actos sino también por tu actitud.

Para analizar la situación y poder diseñar una nueva estrategia a seguir (y así reencauzar lo que tu departamento tenía por costumbre hacer), vas a precisar tiempo, tranquilidad, creatividad e intuición.

Me doy cuenta de que me dejé llevar muchas veces por la vorágine del trabajo y del día a día, centrándome en el «hacer» sin pararme mucho en el «pensar» y en el «sentir».

No era consciente de la importancia de pararse y tomar conciencia de lo que está ocurriendo ni de cómo se siente uno. Casi me parecía una pérdida de tiempo. Solo lo hacía cuando surgía un problema, para solucionarlo.

Cuando empecé a organizar mejor mi tiempo, ya pude «permitirme» esos momentos de foco externo y sistémico para valorar la estrategia que estaba siguiendo el departamento, y mi liderazgo mejoró notablemente.

En otro momento de mi vida laboral, sentí un gran desfase entre mis valores personales y los de mi empresa. Intenté adaptarme a esos nuevos valores, pero sentí que le estaba fallando a mi integridad.

Recuerdo tiempos convulsos para mí (seguramente para la empresa también), hasta que llegamos a la conclusión de que era mejor que yo no siguiera trabajando en el Hotel.

Con el tiempo y la experiencia, me doy cuenta de que quizás nuestros valores no estaban tan alejados pero que nos faltó algo de empatía en ambos casos, para entender realmente cuáles eran los del otro.

O quizás fue una mera excusa que encontré para empezar una nueva andadura profesional.

b. Autoconocimiento

En este último apartado sobre las relaciones, quisiera hacer hincapié sobre las relaciones contigo mismo, y sobre la importancia del autoconocimiento, para que te resulte más fácil gestionar algunas situaciones y emociones en tu vida profesional.

De lo contrario, tu profesión va a ir marcando tu forma de ser, y como he comentado anteriormente, no siempre de forma positiva:

- Estar constantemente de cara al público, intentando agradar a todo el mundo, puede crearte conflictos internos:

  Un exceso de empatía, si eres muy sensible, puede conducirte a la ansiedad y a pensamientos molestos que irán consumiendo tu energía.

  Por otro lado, el estrés puede llevarte a aborrecer lo que en principio te atrajo. He conocido a muchos Recepcionistas que han terminado odiando su profesión y sobre todo, a los Clientes.

Si no entiendes los cambios que tu trabajo producen en ti, pero tampoco estás dispuesto a profundizar en el autoconocimiento, te aconsejo busques unas actividades que te permitan desahogarte de todas las tensiones laborales.

- La necesidad de tenerlo todo bajo tu supervisión se puede convertir en un automatismo en tu día a día, dentro y fuera del Hotel.

  Si no eres consciente de ello, te sentirás mal, incluso inseguro, cuando algo se escape de tu control. Tendrás que aprender a confiar en los demás, incluso en el universo, para no agobiarte, porque nadie puede controlarlo absolutamente todo.

¿Cómo conseguir que todo resulte más fácil?

Incluye en tu vida:

- **El mindfulness** (o consciencia plena). Se trata de un tipo de meditación que no solo ayuda a reducir el estrés, sino a aceptar tus emociones sin intentar controlarlas o evitarlas.

  Aprendes a ser consciente de ti mismo y a estar atento a lo que sientes y lo que haces, sin juzgarte, sin apegarte.

  También aprendes a cambiar de foco cuando es necesario: a concentrarte, a centrarte en los demás o a tener una visión panorámica. Tal y como he comentado anteriormente, este cambio de foco es esencial en el liderazgo.

  ¿Sabías que los *Navy seals* recurren al mindfulness para conseguir superarse a sí mismos y encontrar tranquilidad en los momentos de mayor conflicto? Entonces, ¿por qué no incorporar esta disciplina en tu vida tú también, para así conseguir un buen equilibrio vital?

- **El autoconocimiento a través del eneagrama.** No solo te permite conocerte mejor a ti mismo entendiendo tu personalidad, sino que también te ayuda a entender las demás personalidades.

  Este conocimiento facilita la toma de decisiones, te permite descubrir porqué actúas de una forma determinada, comprender cómo te ven los demás, y hasta mejorar tu autoestima si lo necesitas.

En definitiva, con estas dos herramientas podrás presentar una mejor versión de ti en todos los ámbitos y disfrutar totalmente de ser tú mismo.

Me doy cuenta de que transité por varias fases durante mi carrera por «culpa» de mi trabajo pero también por no conocerme realmente a mí misma, pues ni practicaba mindfulness, ni había profundizado en el tema.

Pasé de querer estar sola en mi casa cuando descansaba, sin ninguna relación con el mundo exterior, a pensar que el mundo era injusto y todo el mundo se aprovechaba de mí; pasando por un exceso de empatía, en el que me resultaba imposible olvidarme de las penas que me contaban los Clientes o sintiendo una gran frustración por haber tenido que contener mi rabia ante una reclamación injusta. Por otro lado, en mi vida personal, se me acusó de ser controladora y pensar que podía dirigir mi familia como si fuera la Recepción del Hotel.

Como no quería que mi vida profesional afectara de forma negativa a mi vida personal, me iba a nadar a mediodía y cuando no, descargaba adrenalina en el gimnasio. Hasta llegué a ir a gritar sola en el monte para liberar la tensión acumulada. Así y todo, y en ocasiones puntuales, cuando sentía que no era suficiente y no me encontraba con la fuerza necesaria, prefería no salir demasiado al mostrador, y me quedaba en el despacho, poniendo al día todas las tareas administrativas.

Solamente una vez, sentí que estaba llegando al límite de mis fuerzas mentales. Estaba pasando por una situación personal muy delicada y notaba que hacía esfuerzos sobrehumanos para «aguantar» a los Clientes. Me di cuenta de que empezaba a ser un problema. Lo hablé con mi superior y coincidimos que era mejor que adelantara parte de mis vacaciones. Volví regenerada.

CAPÍTULO 4. GLOSARIO HOTELERO

He ido utilizando jerga Hotelera en este libro, a veces de forma inconsciente, pues es un vocabulario que me ha ido acompañando durante muchos años. Habrás visto que muchas son expresiones inglesas.

Por eso creo que este glosario puede serte útil. Algunas palabras de ese léxico aparecen en mi libro, otras no, y seguramente faltan muchas.

Sé que no es un glosario completo pero así y todo, espero que pueda ayudarte en tu día a día.

A

AD: Sigla de la modalidad de estancia «alojamiento y desayuno» también conocida como H/D (habitación y desayuno) B/B (bed and breakfast).

Adjoining rooms: Habitaciones una al lado de otra.

Amenities: Atenciones, artículos de bienvenida que se ponen en las habitaciones (jabones, costureros, lápices, bloc de notas, zapatillas...).

B

Briefing: Reunión corta para informar de las novedades, por ejemplo en los cambios de turno.

Burnout: Desgaste profesional por un constante estrés.

Business Center: Zona del Hotel donde se ofrecen servicios de faxes, ordenadores, teléfonos, secretaría...

C

Cama extra o cama supletoria: Cama portátil que se coloca en la habitación cuando la ocupación es mayor que el número de camas fijas.

Cardex: Ficha que contiene información de un Cliente (nombre y apellido, documento de identidad, modalidad de alojamiento, gustos y preferencias, estancias anteriores).

Check-in: Proceso de registro de los Huéspedes a la llegada.

Check-out: Proceso de salida de los Huéspedes, con la liquidación de sus facturas.

Check list o checking list: Plantilla que permite controlar unas tareas específicas.

Chef: Jefe de cocina

CMI o Cuadro de Mando Integral: Sistema informático de gestión que abarca todas las aéreas del Hotel.

Community Manager: Profesional responsable de las redes sociales del Hotel, creando y manteniendo relaciones estables y duraderas con sus Clientes, sus seguidores y, en general, con cualquier usuario interesado en la marca.

Connecting rooms: Habitaciones conectadas por medio de una puerta entre ellas.

Conserjería: Zona del Hotel donde se informa al Cliente y se gestionan sus reservas para teatro, excursiones, etc. Hoy en día, en la mayoría de los Hoteles, los Recepcionistas han asumido la labor del conserje.

Cross-selling o venta cruzada: Técnica de venta que consiste en ofrecer a un Cliente algo complementario al producto o servicio que ha comprado.

Cuenta casa: Servicio cuyo coste asume el Hotel.

Cupo o allotment: Conjunto de plazas reservadas sin nombre de Clientes, pero que precisan confirmación dentro de un plazo (**Release**).

CXL: Abreviatura que se utiliza para una reserva cancelada.

D

Day Use: Uso de una habitación solo durante unas horas.

Double room o habitación doble: Habitación para dos personas.

Double single use o doble uso individual: Habitación doble utilizada por una persona.

Dumping: Práctica comercial que consiste en vender un producto por debajo de su precio normal, o incluso por debajo de su coste de producción, con el fin de ir eliminando a los competidores y apoderarse así del mercado. Se trata de una competencia desleal. Hasta ahora, el dumping era ilegal en España (artículo 17 de la Ley 3/1991 de Competencia Desleal). Sin embargo, una reciente sentencia del Tribunal de Justicia de la Unión Europea ha admitido la posibilidad de que las empresas puedan vender a pérdida y que, por tanto, el dumping no se pueda considerar como ilegal en ninguno de los países miembros de la Unión Europea.

E

Early check-in: Servicio que permite la entrada del Cliente en la habitación antes de la hora prevista del registro.

Escandallo: Cálculo del precio de coste de la materia prima de un plato (por persona).

Express check-out: Procedimiento para agilizar o incluso eliminar el proceso de check-out. Solo es viable si anteriormente el Huésped ha garantizado su estancia con una tarjeta de crédito.

F

Fam Trip: Viaje de incentivo (gratis o con un cargo mínimo) para potenciales generadores de Huéspedes (agentes de viajes, influencers de viajes…).

Feedback o retroalimentación: Respuesta del receptor al emisor en una comunicación bidireccional, basándose en el mensaje recibido. Sirve para comprobar si el mensaje ha sido entendido de forma correcta.

Front Desk: Lugar donde se ubica la Recepción.

Front Office: Actividades que se realizan en el Front Desk.

Full Up o Full House: Ocupación del Hotel al 100 %.

Full Credit: Modalidad de estancia donde el Cliente tiene crédito indefinido a cuenta de una entidad, de una agencia o de una tercera persona.

G

Garantía: Tipo de contrato donde el T. O. se compromete a pagar un determinado número de habitaciones durante una temporada a un precio acordado (las ocupe o no).

GDS (Global Distribution System): Sistema informático de reservas.

H

House Keeper o Gobernanta: Persona encargada del departamento de Pisos.

I

Inducción: Proceso para orientar a los nuevos trabajadores en sus primeros días.

J

Junior Suite: Habitación con salón (puede no ser independiente).

K

KPI: Indicador clave de rendimiento.

L

Late check-out: Servicio que permite que el día de salida, el Cliente se quede más tiempo que el estipulado en su habitación.

Llave maestra o Master Key: Llave que abre todas las habitaciones y dependencias del Hotel.

Lobby: Zona de entrada, vestíbulo del Hotel.

M

Metre: Jefe del Restaurante.

Mobbing o Acoso laboral: Situación en la que se produce hostilidad o intimidación hacia un trabajador y que tiene una reiteración y duración en el tiempo.

MP: Sigla para Media Pensión también conocida por HB (Half board). Modalidad de alojamiento que incluye alojamiento, desayuno y cena (sin bebidas).

N

No show: No presentación de un Cliente con reserva confirmada.

O

Onboarding: Proceso de integración de un nuevo empleado.

Out of order: No disponible por razones de mantenimiento o de reparación.

Overbooking: Situación que se produce cuando el Hotel ha vendido más plazas que las que tiene disponibles.

Overstay: Cliente que se queda más tiempo que el reservado inicialmente.

P

Pax: Abreviatura utilizada para pasajeros y por extensión para Cliente.

PC: Sigla para Pensión Completa también conocida por FB (Full board). Modalidad de alojamiento que incluye alojamiento, desayuno, almuerzo y cena (sin bebidas).

Peak: Temporada turística más alta.

Pernoctación: Cada una de las noches que un Cliente permanece en el Hotel.

Plazas: Número de camas fijas del establecimiento (las camas de matrimonio se contabilizan como dos plazas).

Planning: Documento mediante el cual se controla la ocupación Hotelera.

PMS o Property Management System: Sistema operativo de gestión, *software* completo para automatizar las funciones del Hotel.

Prescriptor de una marca: Cliente que tiene una percepción favorable de una marca, que hablará positivamente de ella en su entorno y que influye en la intención de compra de otras personas.

R

Rack: Panel en el que están representadas todas las habitaciones del Hotel y que sirve para controlar permanentemente el estado de las mismas (libre, ocupada, bloqueada, etc.). Con el uso eficiente de la informática, está cayendo en desuso, siendo sustituido por los planos de ocupación.

Régimen: Modalidad de estancia en el Hotel en cuanto a alojamiento y comidas.

Release: Fecha tope para reservar o anular sin gastos.

Request: Requerimiento, petición o solicitud que hace un Cliente.

Resident Manager: Director o gestor que vive en el Hotel.

Room Service: Servicio de comida y bebida a la habitación.

Room Status: Estado de la habitación en un momento preciso (puede ser: vacía-sucia o vacía-limpia, ocupada-sucia u ocupada-limpia, o bloqueada).

Release: Fecha tope para confirmar plazas Hoteleras.

Revenue Management: Proceso de prever el comportamiento de los Clientes y de influir en él con el objetivo de optimizar los ingresos y beneficios de la venta de los productos perecederos. Se basa en cuatro conceptos: el Cliente, el producto, el tiempo y la tarifa. Se utilizan unos indicadores claves de rendimiento del Hotel (KPI) para analizar la situación y poder tomar decisiones.

S

Single o habitación individual: Habitación pequeña con una sola cama.

Sprinklers: Sistema de cañería para la extinción de fuego rociando agua desde el techo.

Stayover: Ampliación de estancia.

Stopselling: Parada de ventas (puede ser general o parcial para un canal, o un T. O. determinado).

Suite: Habitación de lujo que ofrece mayor espacio, confort y servicios que las habitaciones estándar, con uno o varios dormitorios con sus cuartos de baño y un salón.

T

Temporada: Espacio de tiempo (suelen ser meses) que tiene características idénticas. En general son tres: temporada alta (cuando mayor es la demanda), temporada media y temporada baja.

Tip: Propina, gratificación del Cliente por un buen servicio.

Todo Incluido o All Inclusive: Modalidad de estancia que incluye alojamiento, alimentación y bebidas.

Tour operador (T. O.) u Operador turístico: Empresa que ofrece varios servicios o productos turísticos juntos como transporte, alojamiento, traslados, excursiones...

Transfer: Traslado del Cliente desde el aeropuerto (o estación ferroviaria) al Hotel y viceversa.

Turn down o Servicio de cobertura: Consiste en preparar la habitación para cuando el Cliente quiera ir a acostarse (apertura de la cama con un detalle de buenas noches, cambio de toallas, vaciado de papeleras y cierre de cortinas).

Twin room: Habitación doble con dos camas.

U

Upgrade: Técnica de venta que se basa en ofrecer un producto o servicio más caro al que el Cliente quiere comprar

Up-selling: Técnica de venta de más servicios de los solicitados en un principio por el Cliente.

V

Vacancy: Habitaciones disponibles.

VIP (Very Important Person): Persona de interés especial para el Hotel.

Voucher: Bono que acredita la reserva del Cliente por parte de la agencia de viajes y entregado al Hotel para su posterior pago.

W

Waiting List: Lista de espera.

Wake up call: Llamada que se realiza al Cliente para despertarle.

Walk-in: Cliente que llega al mostrador sin reserva previa.

Welcome drink: Bebida de bienvenida que se le ofrece al Cliente a su llegada.

CAPÍTULO 5. TIPS

Para finalizar, y agradecerte el haber leído mi libro, igual que un Huésped agradece el excelente servicio que le has dado, te dejo una propina: algunas de mis herramientas de Jefa de Recepción y Directora de Alojamiento.

Gracias por haber confiado en mí.

3 FASES DEL TRATAMIENTO DEL REQUEST

- **Antes de contestar**

    1. Comprueba si la reserva está en el sistema:
        - ✓ SÍ => ve al punto 2.
        - ✓ NO=> averigua por qué. Debes saber si es un fallo del departamento de reservas (puede haberse traspapelado), si todavía no ha llegado a dicho departamento (en tal caso, habrá que asegurarse de que la agencia no está «aguantando» las reservas para presionar más adelante y conseguir así unas ofertas), o si es porque ha sido rechazada (fuera de release, de cupo, hecha después de parar ventas, tarjeta de crédito no válida...).
    2. Comprueba si los datos aportados por los Clientes coinciden con los datos del sistema (fecha de llegada, salida, número de personas y tipo de habitación):
        - ✓ SÍ => ve al punto 3.
        - ✓ NO=> averigua por qué. Puede ser un error del departamento de reservas, de la reserva en sí, o una confusión del Cliente.
    3. Comprueba si lo que pide es factible y si es de coste 0:
        - ✓ SÍ=> ve al punto 4.
        - ✓ NO=> averigua el coste.
    4. Comprueba el tono de la carta/email para contestar en consonancia:
        - ✓ Si es larga y emotiva, contesta con tono cercano, que no parezca un telegrama.
        - ✓ Si es un email donde apenas te saludan y solo comunican su petición, contesta educadamente pero de forma clara y concisa.

- **Cómo contestar**

Ten varias plantillas preparadas para poder responder rápidamente:

1. Todo coincide y su petición es de coste 0:
    - ✓ SÍ => Confirma el request solo si estás seguro al 100 % de que se hará y añade la coletilla «salvo caso de fuerza mayor». Lo más prudente y menos comprometedor es asegurarle al Cliente que se hará todo lo posible.
    - ✓ NO=> Ofrécele un up-selling o un cross-selling según el caso. No te limites a decirle cuánto cuesta, ponle todas las ventajas

que conseguirá pagando el suplemento. Recuerda poner una fecha límite para que confirme si lo quiere.

2. Algunos datos no coinciden y su petición es de coste 0:
   ✓ SÍ=> Infórmale de los datos que no coinciden (o de que no ha llegado su reserva). No se trata de asustarle sino de que se pueda subsanar un error antes de su llegada.
   ✓ NO=> Además de avisarle sobre las discordancias, comunícale el coste del servicio solicitado.

- **Después de contestar**

Aparte de lo obvio, que es tomar nota de la petición (y de lo que se ha confirmado) de forma efectiva, aconsejo que se archive la correspondencia de manera minuciosa (ya sea física o digitalmente). En caso de algún embrollo o malentendido cuando llegue el Cliente, agradeceremos poder localizarla con rapidez.

¿Qué puede ocurrir si no sigo estos pasos?

- Que el Cliente se presente en Recepción con una carta del Hotel dándole las gracias por su reserva pero sin que tú tengas prevista su llegada.
- Que se presenten cuatro personas en Recepción cuando en el PMS de la reserva aparece como una doble. O que la estancia sea de dos semanas y tengas en el sistema que se quedan una.
- Que el Cliente se sienta defraudado (a veces estafado) cuando se le informe en el mostrador que su petición tiene un coste adicional.

Realmente, nada que no pueda solucionar un Recepcionista, pero no dejan de ser incidentes que entorpecen su labor.

5 KPIS DEL REVENUE MANAGEMENT

1. **ADR (Average Daily Rate):** Es la tarifa media diaria. Se obtiene dividiendo los ingresos de habitaciones por el número de habitaciones ocupadas.

2. **Rev Par (Revenue per Available Room):** Es un indicador para valorar el rendimiento financiero. Se trata de la tarifa media por ocupación. Es el resultado de dividir los ingresos de habitaciones por el número de habitaciones que tiene el Hotel. O el de multiplicar la ocupación media por el ADR.

3. **Trev Par (Total Revenue per Available Room):** Es el indicador de los ingresos totales por habitación disponible. En este caso se tienen en cuenta los ingresos por cualquier actividad (habitación, teléfono, mini Bar, desayuno, comidas, Bar, lavandería, spa...).

4. **GOP Par (Gross Operating Profit per Available Room):** Es el indicador del beneficio operativo bruto por habitación disponible, se tienen en cuenta el total de ingresos, el total de gastos operacionales y el número de habitaciones disponibles. Al incluir gastos asociados a la actividad Hotelera y gastos fijos (impuestos, pagos habituales de alquileres o hipotecas) el GOPPAR suele ser calculado por la Dirección.

5. **Rev Pag (Revenue per Available Guest), Trev Pag (Total Revenue per Available Guest), GOPPAG (Gross Operating Profit per Available Guest):** Analizan los datos por Cliente (en lugar de por habitación).

EJEMPLOS DE 4 KPIS DEL REVENUE MANAGEMENT

Consideremos un Hotel de 200 habitaciones, con 20 habitaciones bloqueadas por reformas y tres situaciones distintas:

Caso 1: Ingreso diario por concepto de habitación: 5.000 € con una ocupación de 100 habitaciones. 500 € en extras. Gastos operacionales: 1.000 € (800 € gastos fijos + 200 € gastos variables).

Caso 2: Ingreso de 50 € por concepto de habitación con una ocupación de 1 habitación. 0 € en extras. Gastos operacionales: 1.010 € (1.000 € gastos fijos + 10 € gastos variables).

Caso 3: Ingreso diario por concepto de habitación: 4.000 € con una ocupación de 80 habitaciones. 2.000 € en extras. Gastos operacionales: 1.800 € (1.000 € gastos fijos + 800 € gastos variables).

Y comparemos los KPIS en las distintas situaciones:

- **ADR = Ingresos sin extras/habitaciones ocupadas**

  ADR Caso 1 = 5.000 €/100 hab = 50 €

  ADR Caso 2 = 50 €/1 hab = 50 €

  ADR Caso 3 = 4.000 €/80 hab = 50 €

El resultado es el mismo, a pesar de tener ocupación, ingresos y gastos distintos.

- **Rev Par = Ingresos sin extras/habitaciones disponibles (habitaciones que pueden ser ocupadas realmente)**

  Rev Par Caso 1 = 5.000 €/180 (200 habitaciones - 20 bloqueadas) = 27,77 €

  Rev Par Caso 2 = 50 €/180 (200 habitaciones - 20 bloqueadas) = 0,27 €

  Rev Par Caso 3 = 4.000 €/180 (200 habitaciones - 20 bloqueadas) = 22,22 €

También se puede calcular de esta forma:

Rev Par = Porcentaje ocupación x ADR

Rev Par Caso 1 = (100 habitaciones ocupadas / 180 habitaciones que podrían ser ocupadas) x 50 € = 0, 5555 x 50 € = 27,77 €

Rev Par Caso 2 = (1 habitación ocupada / 180 habitaciones que podrían ser ocupadas) x 50 € = 0,005555 x 50 € = 0,27 €

Rev Par Caso 3 = (80 habitaciones ocupadas / 180 habitaciones que podrían ser ocupadas) x 50 € 0, 4444 x 50 € = 22,22 €

Al tener en cuenta la ocupación, los resultados varían, siendo más rentable (aparentemente) el caso 1.

- **Trev Par = Total Ingresos/habitaciones disponibles (habitaciones que pueden ser ocupadas realmente)**

  Trev Par Caso 1= (5.000 € + 500 €) / (200 hab – 20 hab) = 5500 €/180 =30,55 €

  Trev Par Caso 2= (50 € + 0 €) / (200 hab – 20 hab) = 50€/180 =0,27€

  Trev Par Caso 3= (4.000 € + 2.000€) / (200 hab – 20 hab) = 6000€/180 =33,33€

Con este cálculo, después de considerar el total de ingresos, parece que el caso más rentable es el caso 3.

- **GOPPAR = Beneficio operativo bruto/habitaciones disponibles (habitaciones que pueden ser ocupadas realmente)**

  GOPPAR Caso 1 = (5.000 € + 500 € - 1.000 €)/(200 hab – 20 hab) = 4.500 €/180 =25 €

  GOPPAR Caso 2 = (50 € + 0 € - 1.010 €)/(200 hab – 20 hab) = -960 €/180 =- 5.33 €

  GOPPAR Caso 3 = (4.000 € + 2000 € - 1800 €)/(200 hab – 20 hab) =4200 € / 180 =23.33 €

Al tener en cuenta los gastos, el resultado nos muestra que el caso 1 es el más rentable.

CONCLUSIÓN

✓ El ADR es el mismo en los tres casos ya que no se toma en cuenta el total de las habitaciones disponibles, es decir, por sí solo no nos proporciona una información suficiente.

✓ El Rev Par nos da una mejor indicación sobre el rendimiento financiero al tener en cuenta las tarifas aplicadas y la ocupación Hotelera. Es significativo para afinar la estrategia comercial.

✓ Con el Trev Par, vemos la importancia de la venta de los demás servicios. Esta venta debe ser promocionada de forma activa por la Recepción. El Trev Par ofrece una mayor visión sobre el potencial del Hotel.

✓ El GOPPAR nos demuestra la importancia de los gastos en el rendimiento final y muestra la marcha económica del Hotel.

4 REGLAS DE ORO DEL CHECK-IN PERFECTO

1. **Con interés:** Dándole la bienvenida al Huésped, saludándole por su nombre, sonriendo y mirándole a la cara. No se tarda más de dos segundos y se establece ya un vínculo con el Cliente. Por mucha cola que haya, no hay excusa para no hacerlo.

2. **Rápido:** Dando las instrucciones imprescindibles y de forma clara, para que pueda iniciar su estancia. Evitando ser un «parlanchín», aunque pueda resultar simpático, termina siendo cansino para un Cliente con ansias de llegar a su habitación.

3. **Eficaz:** Recuerda los objetivos del check-in:

   ✓ **Identificación del Cliente** con recogida de sus datos para las autoridades.
   ✓ **Garantía** para cubrir los gastos de su estancia (bono de la agencia o tarjeta de crédito).
   ✓ **Entrega de la llave** de la habitación después de asegurarse de que está limpia y revisada.
   ✓ **Facilitación de la información necesaria** para que el Cliente pueda iniciar de forma satisfactoria su estancia. Varía según las circunstancias. Por ejemplo, hay que hacer especial hincapié al comunicar el horario del Restaurante a un Cliente que llegue media hora antes del cierre del mismo. En cambio, si ese Cliente llega a las 17h, es suficiente decirle dónde puede encontrar los horarios de apertura del comedor.

4. **Sin incidencia:**

   ✓ **Sin llegada imprevista:** ¡Se previenen muchos disgustos y contratiempos revisando las reservas el día anterior a la llegada!
   ✓ **Sin robo:** Estando alerta en todo momento, y no 100 % inmerso en la tarea administrativa del check-in.

EL SECRETO PARA RECONOCER A LOS CLIENTES REPETIDORES

Simplemente: **IDENTIFÍCALOS**

- En la reserva, por si el Cliente contacta con el Hotel antes de su llegada.
- En el listado de llegadas, para que los demás departamentos estén informados.
- En el listado de Clientes alojados, para que todos lo sigan teniendo presente.

Dependerá del programa informático del Hotel. En mi caso, con **añadir** unas siglas características **(REP)** en las observaciones de la reserva del Cliente es suficiente. Aparecen automáticamente en los listados de llegadas y más tarde en los de estancia.

¿Qué consigues al identificarlos?

1. **TODOS «reconocen»** al Cliente repetidor:

    - los Recepcionistas al atenderle,
    - la Gobernanta y la camarera de piso encargada de su habitación,
    - la cajera, al controlar las entradas y salidas del comedor,
    - el metre al recibirle en el Restaurante y el Jefe de rango responsable de su mesa,
    - el camarero al servirle en el Bar,
    - los animadores, al invitarles a participar en las actividades.

2. **Sirve de orden** para todos los departamentos implicados en preparar las atenciones.

    Por ejemplo, si el protocolo interno del Hotel marca que todos los Clientes repetidores recibirán un ramo de flores, una cesta de fruta y una botella de vino. Con las siglas, estoy avisando a:

    - Recepción: para que se encargue de pedir las flores.
    - Economato: para que tenga existencia suficiente de fruta y del vino que esté estipulado.
    - Cocina: para que prepare la cesta de fruta.
    - Restaurante: para que prepare cubiertos para la fruta, copas y vino.
    - Room service: para que lleve las atenciones a las habitaciones.

3. **Todo el personal se siente implicado**. Cuando un empleado (sin importar el departamento) se entera de que un Cliente va a volver (porque le ha llamado o le ha escrito personalmente), lo comunica enseguida para que se anote en la próxima reserva.

    Así y todo, vuelvo a subrayar la importancia de no vulnerar la privacidad del Huésped, ni la ley de protección de datos: ¡Asegúrate que el Cliente desea ser reconocido!

4 CLAVES PARA EVITAR EL OVERBOOKING

1. **Prevención,** pidiendo adelantos de reservas. Muchos T. O. no envían las reservas a medida que las reciben, sino que esperan al día que se cumple el release para enviar todas sus reservas (ya sea por logística o por estrategia).

2. **Comprobación de las reservas** por si hay alguna duplicada, alguna anulada o algún error.

3. **Paro de ventas (stop selling),** total o parcial, antes de que coincida el total de reservas con el cupo máximo de habitaciones disponibles del Hotel.

4. **Contratos con reservas garantizadas:** es decir, venga o no el Cliente, se cobra el total de la reserva.

3 SOLUCIONES PARA EL OVERBOOKING

1. **Unir familias:** Algunas familias prefieren estar en una suite, en lugar de en una habitación doble y una individual.

2. **Ofrecer otro Hotel a los Clientes ya alojados:** Algunos Huéspedes pueden estar interesados en cambiar de Hotel (porque no estén satisfechos con la situación del nuestro, porque quieran probar otra zona, porque les atrae otro tipo de habitación o de servicio...).

3. **Reservar un Hotel alternativo para las llegadas:** Debe ser un Hotel de igual categoría (o más alta) y estar en la misma zona.
   - Elige de forma concienzuda a los Clientes desviados, teniendo en cuenta dos factores:
     - ✓ El factor económico: algunos tour operadores tienen una cláusula en el contrato donde se contempla el overbooking y la cantidad que se pagará como compensación. Hay que estar atento si esa compensación es por reserva o por persona (obviamente, si es por persona, se elegirá desviar a las reservas individuales). También hay que tener en consideración la relación comercial con el T. O., si es buen colaborador, si manda reservas constantemente o solamente en fechas claves.
     - ✓ El factor emocional: hay Clientes repetidores y otros que vienen por primera vez. Hay Clientes que reservaron hace un año (aunque el tour operador haya mandado la reserva hace dos semanas) y otros que han reservado a última hora. Hay Clientes que sufren minusvalía y el desvío puede representar una gran complicación. Otros vienen en grupo y separar los miembros de su conjunto puede generar problemas añadidos...
   - Avisa con antelación a la agencia y al Cliente.
   - Facilita el traslado al nuevo Hotel, en caso de que se presente el Cliente directamente al tuyo.
   - Ofrece una compensación al Cliente para que no se sienta engañado (siempre y cuando no esté contemplada en el contrato con el T. O.).

6 PASOS PARA CONVERTIR A UN CLIENTE ENFADADO EN UN CLIENTE FIEL

1. **Déjale hablar, y sobre todo ¡NO LE INTERRUMPAS!** Tienes que dejar que descargue sus emociones, que vuelque su rabia, su sensación de impotencia, su enfado. No solo servirá para que él se vaya tranquilizando, sino para que tú vayas analizando el problema y pensando en las posibles soluciones.**Presenta disculpas.** Siempre en primera persona, asumiendo tu responsabilidad o la de la empresa. «Siento que se haya sentido mal por mi culpa», «nos hemos equivocado en este planteamiento». SIN EXCUSAS EXTERNAS, no intentes esquivar la reclamación con evasivas o echándole la culpa a otro.

3. **Resume el problema**, para asegurarte que lo has entendido y para que el Cliente sienta que le has escuchado.

4. **Analiza la situación con objetividad.** Si es el caso, explícale con tacto, en qué partes no lleva la razón. Puedes explicar en pocas palabras por qué se ha producido la situación pero sin extenderte. Se trata de buscar una solución a un problema, no de seguir profundizando en lo que le incomoda.

   Termina con una propuesta de solución, una promesa de arreglo, o una oferta de indemnización. Si la resolución no está en tus manos, asegúrale que vas a transmitir su sentir a tus superiores y que le contactarás en cuanto te aporten una respuesta.

5. **Asegúrate de que el Cliente ha quedado conforme** con la solución aportada y agradécele por haber presentado dicha queja. Pues no solamente te da la oportunidad de ver dónde has fallado, sino que te da la opción de solventar el error.

6. **Haz un seguimiento de la solución y contacta de nuevo al Cliente.** Así comprobarás que el problema realmente se ha resuelto, y le transmitirás tu preocupación y la de la empresa.

   Este paso, aunque parezca innecesario, es muy importante para que tu Cliente se sienta importante y pase de haber sido un Cliente enfadado a un Cliente fiel.

7 PAUTAS PARA CONTESTAR A LAS OPINIONES DE LOS CLIENTES

1. Contesta SIEMPRE, ya sea una opinión positiva como una negativa. Está demostrado que los Hoteles que responden a los comentarios, ya sean buenos o malos, registran más reservas que los que no lo hacen.

2. Siempre, siempre, SIEMPRE, hazlo con cortesía.

3. Lo más rápido posible pero sin precipitarte en caso de comentario negativo.

4. Agradece la opinión (incluso cuando no sea una opinión positiva).

5. Hazlo de forma personal (no es agradable para el que se ha tomado la molestia de dejar una opinión ver que se le contesta de modo automático, como si el que lo hiciera fuera un robot).

6. Si es una opinión negativa, no caigas en el rencor o en la provocación, expresa unas medidas de mejora si procede y termina con algún aspecto positivo (tipo «quedamos a su entera disposición»).

7. Si es positiva, invita al Cliente a que vuelva.

7 PASOS PARA HACER UNA LLAMADA EFICIENTE A EMERGENCIAS

1. Guarda la calma.

2. Conoce claramente la razón de la urgencia antes de llamar y evalúa la urgencia de la situación. Pues muchas veces te dirán «llama enseguida a Emergencias, que manden rápido una ambulancia», pero antes de hacerlo, necesitas saber más detalles, pues no es igual de urgente atender a alguien que está en el suelo inconsciente después de un golpe en la cabeza, a alguien que se ha resbalado y caído, pero que sigue consciente, con algún hueso partido.

3. Ten en cuenta que si no estás cerca del problema, tendrás que pasar la llamada a otro compañero que sí lo esté. El profesional que atiende la llamada de emergencia empezará a hacer preguntas y solo podrá contestar y actuar alguien que esté cerca.

4. Habla con voz clara, di enseguida que llamas desde la Recepción del Hotel X, en la ciudad Y. No solo ganas tiempo reportando tu ubicación sino que le estás indicando a tu interlocutor que tú vas a ser objetivo en cuanto a evaluar la urgencia de la situación.

5. Describe con claridad la emergencia. Por ejemplo: «señor de unos 50 años inconsciente después de haber vomitado», «señora de unos 30 años inconsciente en su habitación en un mar de sangre y encontrada por la camarera», «fuego incontrolado en el 6º piso, evacuando el Hotel»…

6. Recuerda que si la llamada se corta durante la conversación, ellos volverán a llamarte.

7. Sigue las instrucciones que te den. Si ves que la situación se está agravando y todavía no ha llegado el servicio de emergencia, insiste con firmeza.

7 PASOS PARA UNA SELECCIÓN DE PERSONAL EFECTIVA

Esta forma de elegir a tu personal que te voy a exponer no solo es algo atípica, sino que hoy en día, con las nuevas tecnologías, puede resultar hasta arcaica. Además, teóricamente, la selección de personal es competencia del departamento de Recursos Humanos, un departamento especializado en el tema.

Pero en un departamento donde la atención al Cliente es tan personal y tan humana, sigo convencida de que no es conveniente delegar esta tarea en otra persona y menos aún, en una máquina. Un software nunca será capaz de detectar ciertas cualidades importantes en nuestro colectivo. Y mejor que nadie (y que nada), tú vas a saber si el candidato encajará o no en tu equipo. Porque a veces, la elección final, solo es cuestión de «feeling».

1. Antes de empezar con la selección de personal:

Haz una especie de retrato robot de tu empleado ideal. Tienes que tener claras las características y competencias profesionales que buscas en esa persona, pero también su personalidad. Son tan importantes las competencias básicas (cualidades, habilidades y aptitudes), como las técnicas (su formación y su experiencia) o las transversales (disponibilidad para aprender, sentido de la responsabilidad, capacidad de trabajo en equipo). Ese retrato robot varía según el puesto y el momento. Pues una de las competencias básicas puede ser el dominio del alemán, en un momento dado. Y cinco años después, puede haber variado al ruso, por tener otro tipo de Clientela.

2. La preselección de personal: la entrega del currículum:

Intenta atender directamente a las personas que se acerquen a la Recepción para dejar su currículum (incluso cuando no tengas ningún puesto vacante).

En primer lugar, es una muestra de respeto hacia la persona que ha venido al Hotel a entregar su CV y no supone más de un par de minutos. Además, es una forma de conseguir tu primera impresión del postulante. Así, ya tendrás el primer paso hecho para una futura selección de personal.

Esa primera impresión, la podrás extrapolar a la impresión inicial que tendría el Cliente al llegar al Hotel, si formara parte de tu equipo. Así que ¡atento a sus modales y a su comportamiento! No se trata de que sea más o menos agraciado físicamente. Es cuestión de que transmita confianza, simpatía, una afabilidad natural. Si a primera vista, resulta arrogante, soberbio, antipático, o desagradable, mejor descartarle, por muy buen currículum que tenga.

Anota directamente en el CV lo que has percibido, con un código que tú solo conozcas.

3. Selección de candidatos para la entrevista:

Una primera criba consiste en ir descartando automáticamente los CV de los candidatos cuyas competencias profesionales básicas no se ajusten a las de tu empleado ideal. Por ejemplo, si una de ellas es el dominio de un idioma determinado y en el CV no aparece ese idioma, el aspirante queda excluido.

La segunda criba consiste en estudiar concienzudamente los currículums restantes hasta dejar cinco seleccionados.

Llama al responsable de la Recepción del Hotel donde ha trabajado anteriormente, para conseguir más datos. Algunos pueden mostrarse reacios a dar información, pero pregunta «si pudieras, ¿volverías a contratarlo?», y según la respuesta (y sobre todo el tono de la respuesta), sabrás a qué atenerte. No descartes al candidato automáticamente en caso negativo, pero tómalo como un pequeño aviso y añade otra notita en su CV.

Revisa sus redes sociales y detecta si hay incoherencias entre lo expuesto y lo publicado o faltas de respeto hacia otros usuarios.

4. Llamada de teléfono:

Contáctale tú mismo y cítale para la entrevista. Es otra forma de conocer a tu candidato. Así compruebas su capacidad de reacción ante una llamada inesperada y también sus dotes comunicativas. Otro punto interesante a anotar en su CV.

5. Justo antes de la entrevista:

La puntualidad del aspirante es otro elemento relevante en la decisión final. Un retraso sin justificación denota una falta de responsabilidad. Y un augurio de posibles problemas con el resto del equipo, si al final te decantas por esa persona.

Cuando llegue al Hotel, no le atiendas inmediatamente. Hazle esperar 10 o 15 minutos. Aprovecha para observar su actitud y cómo controla su impaciencia y sus nervios (con las cámaras del Hotel o desde un sitio donde pases inadvertido para él).

6. La entrevista:

El inicio

Cuando por fin le atiendas, ya sabes mucho de esa persona, aunque ella lo ignora.

Procura crear un clima distendido. Muéstrate comprensivo y cercano para que el aspirante no esté nervioso. Aprovecha este ambiente relajado, más propio de una conversación entre conocidos que de una entrevista, ya que el candidato va cogiendo confianza y se abre a cada vez más, habla con más naturalidad y va desvelando su verdadera personalidad.

El desarrollo de la entrevista

En lugar de preguntarle directamente que se describa, descúbrelo a lo largo de la conversación.

Formación académica: haz preguntas sobre lo que ha estudiado, sobre los cursos que ha puesto en su CV. No solo te harás una idea de si los ha hecho o no (el papel lo aguanta todo), sino que según el entusiasmo que manifieste, te darás cuenta si le gusta aprender y está dispuesto a seguir formándose.

Por supuesto interésate por su experiencia profesional para saber qué tareas sabe desempeñar, pero también para averiguar por qué ha cambiado de trabajo. No querrás a una persona volátil que se vaya enseguida a otra empresa, justo después de que hayas invertido en su aprendizaje. O a alguien que no sepa trabajar en equipo (Ojo si despotrica contra su antiguo Jefe o contra sus antiguos compañeros).

Explícale lo que se espera de él, en qué va a consistir su trabajo si al final resulta elegido para integrar el equipo de Recepción. Tienes que estar muy pendiente de su lenguaje no verbal para detectar algún tipo de malestar. Procura averiguar qué es lo que le incomoda.

Al finalizar la entrevista

Avísale que tienes más candidatos y pregúntale por qué piensa que tienes que elegirle a él.

Despídete comunicándole la fecha final de la selección, y diciéndole que le llamarás, incluso si no ha sido seleccionado para el puesto. No es justo que esté semanas y semanas en la incertidumbre.

7. La decisión final:

Una vez entrevistados tus cinco candidatos, repasa tus notas.

Compara tu primera impresión antes de proceder a la selección de personal con tu impresión durante la entrevista. Sopesa la experiencia profesional y las ganas de aprender. Considera su buena predisposición para trabajar en equipo.

Clasifícalos, según si su perfil se adapta mejor o peor al «retrato robot» que hiciste al iniciar la selección de personal.

No te entretengas en hacer exámenes o pruebas, a no ser que estés dudando entre dos candidatos. Tienes la tranquilidad de que en los contratos hay un periodo de pruebas y si ha mentido en el CV, podrás dar por finalizada la relación laboral sin tener que dar explicaciones y sin tener que indemnizarle.

Una vez la elección hecha, llama a los cuatro descartados para comunicarles tu decisión. Coméntales también que los tendrás en cuenta en un futuro cuando surja otra vacante. No es una tarea agradable, pero siempre agradecen la llamada.

Después, avisa al elegido para que se presente en el Hotel con la documentación necesaria para hacerle el contrato, y para que vaya conociendo las instalaciones y a sus compañeros antes de empezar a trabajar.

Esta llamada, sin lugar a dudas, es la más agradable de la selección de personal.

4 PASOS PARA UN ONBOARDING EXITOSO

1. Asegúrate de tener listo todo lo que vaya a necesitar tu nueva recluta antes de que se incorpore (uniforme, cuenta de correo electrónico, palabra de paso para entrar en el programa de Recepción, etc.).

2. Prepara una reunión de inducción para su primer día, para que conozca la empresa, las instalaciones del Hotel, y que sepa expresamente cuáles serán sus funciones. Infórmale claramente de las metas que debe alcanzar en los tres primeros meses de su incorporación.

3. Asígnale un compañero como tutor y formador.

4. Reúnete con el nuevo trabajador a diario las primeras semanas para comentar la evolución de su desempeño. Comprueba al mes, a los dos meses y a los tres meses si su progreso está siendo el esperado.

5 REGLAS DEL OBJETIVO SMART

Specific-Específico: el objetivo será lo más concreto y detallado posible.

Measurable-Medible: el objetivo será cuantificable.

Achievable-Alcanzable: el objetivo deberá ser ambicioso, pero alcanzable.

Relevant-Relevante: el objetivo se adaptará a la realidad del Hotel.

Time oriented-A tiempo: el objetivo ha de contar con un plazo de cumplimiento, una fecha límite.

CÓMO ORGANIZAR TU TIEMPO SIN ESTRÉS

Con la ayuda de la matriz de Eisenhower conseguirás organizar tu tiempo de forma sencilla y eficiente, por prioridades. Solo se trata de catalogar cada tarea según su importancia y urgencia.

IMPORTANTE y URGENTE: Prioridad absoluta.

IMPORTANTE pero NO URGENTE: Planifica la tarea.

NO IMPORTANTE pero URGENTE: Delega en otra persona.

NO IMPORTANTE y NO URGENTE: Olvídala.

EPÍLOGO

Escribí este libro hace un par de años, gracias a Ana Nieto y su curso "cómo escribir tu libro en 60 días". Desgraciadamente, el fallecimiento de mi madre hizo que no siguiera con ánimos para publicarlo... Lo escribí antes de que por culpa de un maldito virus, todos los Hoteles se vieran obligados a cerrar, antes de que surgieran los miedos ante un futuro incierto, antes de que tomáramos conciencia de lo felices que éramos antes de la pandemia.

Me he planteado si ahora mi libro va a resultar desfasado, pero no. Estoy convencida de que sigue siendo de actualidad, y que es el momento idóneo para publicarlo.

Muchos, durante el confinamiento, se han agarrado a los momentos vividos (o por vivir) en nuestros Hoteles, como si de un salvavidas se tratara, con la esperanza de volver a sentirse seguros y felices con nosotros.

Así que, cuando vuelvan ELLOS, y cuando vuelva NUESTRO EQUIPO, tendremos que tratarlos de nuevo como se merecen, con toda la HUMANIDAD que nos caracteriza.

No va a ser fácil, pues se plantea ya que muchas de nuestras tareas se harán con los teléfonos inteligentes para evitar un posible contagio. Pero también sé que nuestra profesión no desaparecerá si sabemos liderar la Recepción, pues la pandemia ha mostrado la necesidad de seguir con las relaciones humanas, aunque sea a través de las nuevas tecnologías y de la digitalización.

Por otro lado, quisiera dejarte dos enlaces, por si te interesa profundizar en unos temas que he tratado en el libro:

- Si quieres saber más sobre el mindfulness y la gestión de emociones, te aconsejo descubrir el universo de mi amiga Mabel (instructora de mindfulness, psicóloga y terapeuta transpersonal): www.mabelmindfulness.com.
- Si te apetece conocer las personalidades a través del eneagrama, puedes hacerlo con Andrea y Adelaida, en su página web o escuchando sus podcasts: http://enneagramcenter.com.mx. O seguir por Instagram a mi querida Patricia Colina , psicóloga argentina, coach y apasionada de eneagrama.

Gracias de nuevo por el tiempo que has dedicado a leer *Bambalinas de Hotel*.

Si te ha gustado este libro y lo has encontrado útil, te agradecería dejes tu opinión en Amazon. Tu apoyo es muy importante. Me ayudará a seguir escribiendo sobre este tema. Si quieres contactarme, puedes hacerlo a través de este link https://bambalinasdeHotel.com/contacto/ de mi web www.bambalinasdeHotel.com.